경력개발을 위한 학습혁신

대학공부 성공하기 A⁺

송상호 저

학지사

대학생 여러분, 이제 새로운 인생의 시작입니다. 고등학교 때까지의 힘들었던 기억은 모두 잊고 즐겁고 멋있는 대학생활을 출발하기 바랍니다. 여러분은 지금부터 대학생활을 통해 여러분만의 인생을 만들어 갈 수 있습니다. 그것은 새로운 학습혁신을 통해 가능합니다.

남이 시켜서 억지로 암기만 해서 점수 따기를 했던 경험이 있다면 그게 다가 아니라는 것을 빨리 깨달아야 합니다. 잘못된 학습방법을 모두 탈학습합시다. 즉, 자신의 몸에서 내보냅시다. 그리고 새로운 학습습관을 만들어 갑시다.

현장 문제중심학습(Workplace Problem Based Learning: WPBL)은 여러분 인생의 비전을 성취하도록 해 줄 것입니다. 학습내용을 자신의 삶의 현장 문제와 관련시켜 공부하는 자기주도적 학습, 그리고 문제를 스스로 발견해 가는 학습 과정에서 문제의 원인을 파악하고 해결책을 만들어 가며 자신이 궁금한 것을 지식으로 쌓아 가는 학습이 여러분에게 필요합니다.

4차 산업혁명 시대의 인재는 자신만의 독특한 생각으로 아이템을 기획할 수 있는 인재입니다. 학습혁신의 과정에서 타인과 공감하고, 문제를 인식하고, 지식을 구성해 가는 연습을 꾸준히 하기 바랍니다. 그리고 이러한 과정을 스스로 조절할 수 있는 초인지 역량을 향상시켜 나가야 합니다.

이 책을 집필하는 데 아이디어를 주고 도움을 준 안동대학교 교육공학과 고은결,

김경언, 김도연, 김민경, 김인중, 김자민, 김승연, 김호준, 이병헌, 노혜린, 박소정, 박수민, 박정현, 소지연, 엄정주, 여원익, 이병헌, 이수연, 이혜정, 정지연, 조하늘, 최서영, 최원준, 최지원, 황수민 모두에게 감사의 마음을 전합니다.

2024년 2월
송천동 연구실에서
저자 송상호

워크북 활용 안내

이 책은 일종의 워크북입니다. 1장부터 정독하며 하나하나 생각을 곱씹으며 읽기 바랍니다. 그리고 자신의 학습방법에서 바뀌어야 할 포인트들을 찾아내기 바랍니다. 각 문단마다 이 책에서 말하고자 하는 핵심을 파악하려고 노력해 주기 바랍니다.

그리고 중간중간 제시되는 안내에 따라서 자신의 생각을 꼭 적어 보기 바랍니다. 지식을 눈으로 보고 머릿속에 넣기만 하는 공부로는 4차 산업혁명 시대에 걸맞은 인재로 성장할 수 없습니다. 반드시 자신의 장기기억과 스키마에 있는 지식을 꺼내어 나의 말로 작성하는 연습을 해 보기 바랍니다.

이 책은 혼자서 읽으며 학습할 수도 있고, 대학교 1학년 '자기계발과 대학생활' 과목이나 기타 대학생활 관련 수업 시간에 교수가 학생들과 함께 읽고 토론하면서 활용하면 더욱 효과 높은 학습혁신이 가능할 것입니다.

지금 여러분의 모습은 지금까지 여러분이 학습한 방법의 결과입니다. 그것은 지금부터 학습방법을 바꾸면 다른 미래의 모습으로 변화할 수 있다는 것을 의미합니다. 따라서 지금 당장 시작합시다.

Act, right now, here!

차례

1장

A⁺ 리포트 작성하기

학습 목표

1. 리포트 작성의 목적에 대해 설명할 수 있다.
2. 좋은 리포트의 특징에 대해 설명할 수 있다.
3. 리포트 작성 순서를 제시할 수 있다.
4. 자신의 학습방법을 나열할 수 있다.

학습 목차

1. 리포트는 왜 작성하나요
2. 리포트는 어떤 순서로 작성하나요
3. 나의 학습방법

개요

대학생으로서 리포트를 작성하는 것은 많은 학생에게 새로운 경험일 수 있습니다. 대학에서의 수업은 학생들에게 자신만의 관점과 논리 그리고 견해를 사실과 함께 글로 작성하여 제출하는 과제들을 모두 포함합니다.

대학에서 리포트를 작성하는 것은 지금까지의 지식 수용자의 입장에서 공식적인 지식 생산자의 입장으로 변화한다는 의미가 있습니다. 리포트를 작성해 보면서 나의 지식을 만들어 가는 것입니다.

교수는 리포트의 내용을 통해 학생의 지적 내용의 수준이나 질을 판단할 수 있게 됩니다. 그리고 평가와 피드백을 통해 학생들에게 발전의 포인트를 제공하게 됩니다. 좋은 리포트 작성을 통해 대학공부 A+에 성공하기 바랍니다.

Guide. 리포트를 왜 작성하는지 자신의 생각을 적어 보세요.

1. 리포트는 왜 작성하나요

1) 요구사항 파악하기

'주제에 대해 논하라.'

'과정과 결과를 보고하라.'

'주제에 대해 설명하라.'

'작품을 제출하라.'

'느낌을 제시하라.'

리포트는 다양한 목적과 형태로 작성할 수 있습니다. 따라서 교수님의 의도가 무엇인지 파악하려는 노력이 매우 중요합니다.

'주제에 대해 논하라'라는 것은 과제일 경우 어떤 주제인지를 파악해야 하고, 나아가 '논하라'의 범위가 어떤 것을 기대하는 것인지 스스로 결정하는 역량을 갖추어야 한다는 의미입니다.

'과정과 결과를 보고하라'라는 것은 자신의 생각보다는 있는 그대로, 예를 들어 실험 결과를 기술하여 제출하라는 의미입니다.

'주제에 대해 설명하라'라는 것은 주관적인 견해를 포함하기보다는 객관적인 사실들을 활용하여 논리를 갖추어 작성하라는 의미입니다.

'작품을 제출하라'라는 것은 수필, 시, 그림, 조형물, 음악 등 자신이 만들어 낸 것을 리포트로 인정하겠다는, 즉 과제로 인정하여 평가를 하겠다는 의미가 됩니다.

'느낌을 제시하라'라는 것은 주관적 심리 상태나 소감을 제출하라는 것으로, 솔직한 마음을 담는 것이 중요합니다.

이와 같이 다양한 형태의 리포트를 접하면서 교수자의 기대를 정확히 파악하고 그에 따라 작성하는 것이 중요합니다. 경우에 따라서는 리포트의 목적이 여러 개 혼합된 것일 수도 있습니다. 대학생으로서 리포트를 작성하는 목적을 우선적으로 파악하는 습관을 가져야 합니다.

좋은 리포트는 결국 학생 스스로 판단하는 자신만의 관점이 드러나야 하는데, 목적을 파악하지 않고서는 그러한 리포트를 작성할 수 없기 때문입니다. 만약 리포트의 목적을 파악하지 않고 자신의 관점만을 열심히 제시하였다면 그것은 자기 관점에서 좋은 내용의 리포트가 될 수는 있지만 교수님이 기대하는 리포트가 아닌 것이므로 교수님은 결코 좋은 점수를 줄 수 없을 것입니다.

Guide. 리포트 작성 시 초기에 리포트의 목적을 생각해 보았나요? 해 보지 않았다면 그 이유를 적어 보세요. 했었다면 개선점을 적어 보세요.

2) 리포트 작성 사례 분석

* 본 사례는 대학 신입생들이 리포트 작성 시 어떠한 시행착오를 거치는지 보여 주기 위해 원본 그대로(폰트 크기, 폰트 개수, 폰트 모양, 문장 수, 문단 수, 밑줄 긋기, 도형 추가, 색상 강조 등) 제시합니다.

사례 1

1) 우리나라 대학생으로서 알아야 할 대학문해에 대해 영역을 제시하고 논의하시오.

대학을 들어가기 위한 시험은 대학 입시를 위해서 약 20년 + a 동안 공부하여 이제 막 입학한 신입생들과 아직 대학교를 다니고 있지만 대학에 적응을 하지 못하는 학생들이 있다. 그들에게 필요한 대학문해 즉, 대학 생활을 잘 하기 위해서는 가장 중요한 것은 독립할 준비를 해야 한다고 생각한다. 이제 우리는 더 이상 미성년자가 아닌 성인이기에 계속 어른들의 보살핌 속에서만 있을 수 없다. 부모님께서 약 20년동안 키워주시고 공부 시켜주셨으니 이제 우리 힘으로 살아갈 준비를 해야한다. 이 준비를 하지 않으면 나중에 사회에 나가 취직을 했더라도 부모님 품을 못 벗어 날 것이다. 부모님이 되었든 남이 되었든 누구에게 의지, 의존하는 삶은 존엄한 삶이 되기 어려울 것이다. 그래서 우리는 나를 성장할 수 있게 하고 타인에게 의존하지 않고 생활 할 수 있는 능력을 기를 수 있는 준비를 해야 한다. 그 준비를 하기 위해서 그럼 우리는 구체적으로 어떠한 것들을 해야할까?

첫째, 평생 동안 애가 해도 괜찮을 것 같은 일을 찾아야 한다. 자기가 즐겁지 않는 일을 하면서 살아야 한다면 인생의 절반이 이미 괴롭기 때문에 내가 해도 평생 즐거울 것 같은 또는, 최소한으로 지겨울 것 같지 않을 것 같은, 고통스럽지 않을 것 같은 일을 대학 다니는 동안 찾아야 한다고 생각한다. 전공을 결정하고 전공 안에서도 세부 전공을 결정하고, 전공이 마은에 들지 않는 다면 그 단계에서 다시 바꿀 생각을 해야 한다. 그 판단을 해야 내가 괴롭지 않게 하는 일, 더 바람직하면 즐거운 마음으로 할 수 있는 일이 뭐가 있는지 조사하고 연구해야 한다.

둘째, 인적 네트워크를 쌓아야한다. 대학이라는 평화로운 전쟁터에서 살아남으려면 인맥을 만들어야 한다. 시험을 잘 보기 위해서, 과제를 잘 하기 위해서 등 학교 성적을 잘 받기 위한 정보를 얻기 위해서라는 이유도 있지만 의식주를 해결하기 위해서 어느 음식점이 맛집인지, 어느 집이 좋은지, 어느 옷집에서 옷을 사야 가성비가 괜찮은지에 대한 이유도 있다. 또한 나중에 더 나아가 취업할 때도 도움이 될 수 있다. 대학교에서 좋은 선후배 관계를 유지한다면 좋은 직장에 취직할 수 있는 꿀팁들을 알아갈 수 있을 것이다. 물론 앞에서 말한 것처럼 남에게 의존하는 삶은 좋지 않지만, 우리 사회는 학연, 지연, 혈연으로 똘똘 뭉친 사회다. 이러한 사회의 모습은 정말 좋지 않은 풍습이지만 그러한 사회에서 생존하려면 어쩔 수 없다고 생각한다.

셋째, 공모전이나 대회에 한번쯤이라도 나가봐야한다. 대학교 학과 내에서 주최하는 공모전이 뿐만 아니라 대학교나 회사에서 여는 공모전을 나가보는 것도 좋다. 학과 내에서 이루어지는 공모전을 참여하게 된다면 자신이 관심있는 분야 전공 지식을 발휘할 수 있는 분야이기 때문에 주도적으로 활동할 수 있고, 적극적으로 참여할 수 있게 된다. 게다가 관심 전공, 진로에 대한 직장 관련 정보, 엄계 분위기, 연봉 등에 대한 정보를 바로 알 수 있다. 그리고 대학교나 회사에서 주최하는 공모전에 참가하게 된다면 자신이 속해있는 학과에서의 좁은 시야에서 다른 학과 분들과 공모전을 준비하면서 더 넓은 시야로 세상을 바라보게 될 수 있다. 다른 분야의 아이디어와 내 아이디어 간의 연결을 통해 + a를 생각하게 되어 생각하는 폭이 넓어지게 된다. 다만 자신에게 도움이 되지 않는 단순히 스펙용으로 접근하는 공모전은 나중에 취업을 할 때 자소서에 쓸 내용이 없게 될 것이다. 그래서 팀원들끼리 자주 만나 의사소통을 하고 서로 열심히 해서 어떤 결과물이 나왔을 때 뿌듯할 수 있는 대외활동을 해야 한다고 생각한다.

Guide. 위 리포트의 내용을 읽고 교수님의 요구를 제대로 반영했는지 개선점을 기술해 보세요.

사례 2

1) 우리나라 대학생으로서 알아야 할 대학문해에 대해 영역을 제시하고 논의하시오.

성공적인 대학생활을 보내기 위해서는 대학생활문해가 필요하다.나아가 안동대학교 학생에게 필요한 대학생활문해는 크게 일곱 가지가 있다.

첫 번째로 대학주변환경문해가 중요하다.

초등학교,중학교,고등학교와 달리 대학교를 입학하면 타지로 대학을 다니는 학생이 대다수이다.이들이 건강하고 활기찬 대학생활을 보내기 위해서는 *대학 주변에 식당가와 병원위치와 정보들을 꼭 알아야 한다.*

두 번째로 디지털문해이다.

고등학교와 대학교의 가장 큰 차이는 '과제의 수행,제출 방식'인 것 같다.수기 작성이 대부분인 고등학교 과제와 달리 대학교 과제는 온라인 제출과 인터넷 활용이 대부분이다.현재 코로나 바이러스로 인하여 디지털 문해 능력은 더욱 강조되고 필수적인 영역이 되었다.따라서 폴더관리 방법,대학교 과제 제출용 파일명 수정,줌 수업 참여,활동방법 등에 대하여 상세하게 알아야 슬기로운 대학생활을 할 수 있다.

세 번째로 에티켓문해이다.

교육공학과에 입학하니 다른 학과보다 조별과제가 많아 동기들과 의견을 공유하는 과정에 있어 sns,sms를 많이 사용하게 되었다.온라인에서 상대방을 대할 때 상대방을 고려하고 존중하는 태도도 꼭 대학생활 중 함양해야 되는 태도이다.또한 수업에 늦거나 결석을 하게 되었을 때 lms로 교수님께 쪽지를 보낼 때에도 갖추어야 되는 양식과 적절한 시간대를 알고 있는 것이 중요하다.

네 번째로 발표문해이다.

교육공학과에 입학하니 발표를 할 기회가 매우 많아졌다.수업 중 발표를 할 때 인사말,발표 예절,발표 시 고려해야 될 제스처,청중을 고려하는 태도 등을 알아야 자신의 발표 능력도 향상되고 자신의 발표 중 무엇이 잘못된 점도 파악할 수 있다.따라서 발표문해를 꼭 알아야 된다.

다섯 번째로 토론문해이다.

문해교육시간에 소그룹 활동을 짧은 시간동안 진행하였다.시간이 짧게 주어진 토론에서는 간단명료하게 토론은 진행해야 되는데 토론문해가 부족하여 우리 조는 너무 상세하게 토론하느라 시간이 조금 부족했던 것 같다.이러한 문제상황을 다시 초래하지 않기 위해서는 올바르고 효율적인 토론 방식을 알기 위한 토론문해에 대한 학습이 필요하다.

여섯 번째로 동기문해이다.

길다면 길고 짧다 생각하면 짧은 4년간의 대학생활을 혼자 보내기에는 너무 외롭고 재미가 없을 것이다.동기들과 어울리며 행복하고 재미있는 대학생활을 보내기 위해서는 동기들에 대하여 알고 친해질 시간이 필요하다.이는 동기문해와 관련된 영역으로 **대학 생활에서 꼭 필요한 영역이다**.

일곱 번째로 경제문해이다.

아직은 부모님께 경제적 지원을 받지만 대학생은 어엿한 성인이기 때문에 부모님께 지원받은 용돈과 자신이 아르바이트를 하여 번 돈을 *체계적이게 소비하기 위해 필요한 문해이다*.한 번 현명한 소비습관이 생기면 불필요한 낭비가 감소되기 때문에 대학생에게 경제문해는 중요하다.

Guide. 위 리포트의 내용을 읽고 교수님의 요구를 제대로 반영했는지 개선점을 기술해 보세요.

사례 3

1) 우리나라 대학생으로서 알아야 할 대학문해에 대해 영역을 제시하고 논의하시오.

대학생으로서 알아야 할 대학 문해에 무엇이 있을까. 대학이란 중, 고등학교처럼 자신이 해야 될 모든 것들을 제시해 주지 않는다. 대학생이란 성인이 되었다는 뜻이고 성인이면 스스로 필요한 부분을 찾아서 배우려는 노력과 습관이 기본적으로 갖추어져야 한다. 내가 성인이 된 이후로 그런 점들을 많이 느꼈고 또 생각하였다. 여러 가지를 느꼈지만 가장 중요하다고 생각하는 몇 가지를 뽑아보았다.

[디지털 문해]

대학생이어서가 아닌 아마 현대사회를 살면서 가장 필요한 문해가 아닌가 싶다. 디지털 문해란 단순히 IT 기술을 얼마나 잘 활용하냐를 넘어서 일상생활에 필요한 기초적인 매체를 다루는 기술까지도 포함된다. 그렇기에 우리가 살면서 디지털이라는 요소를 쓰지 않는 곳은 없다. 예를 들어 대학교에 수업을 들으러 갈 때도 건물 출입 시 QR코드를 활용해야 하고 당일 야구경기의 결과를 알고 싶을 때도 TV의 정확한 스포츠 채널 번호를 아는 것과 인터넷의 결과 사이트를 찾아가는 기본적인 능력은 필요하다. 그리고 각종 직장에서는 신입사원에게 디지털 역량을 요구하는 곳이 많다. 그만큼 일상생활 뿐만 아니라 일을 함에 있어서도 디지털의 사용 비중이 높다는 것이겠다.

요즘 어른들이 우스갯소리로 컴퓨터, IT 기술 쪽으로 진로를 잡는다면 앞으로 먹고 살 걱정은 안 해도 된다는 말씀을 하신다. 어떤 기술이냐에 따라 다르지만 어느 정도 동의한다. 앞으로는 더욱 디지털의 비중이 높아질 것이고 이를 잘 활용해야만 사회에서 도태되지 않고 살아남을 수 있기 때문이다. 그렇기에 디지털 문해력을 높일 수 있도록 부단히 노력하여 **학교생활 뿐만 아니라 앞으로의 삶에도 도움이 될 수 있도록 해야겠다.**

[교통 문해]
디지털 문해 못지않게 중요한 것이 교통 문해라고 생각한다. 교통이라는 것도 어떻게 보면 우리가 사는 내내 접하게 될 것이기 때문이다. 대학생활로 축소 시킨다면 등교를 하기 위해서 올바른 교통편을 이용해 등교를 해야 할 것이다. 타지에서 살다가 올해 용상동에서 자취를 하게 되었는데 나는 흔히 말하는 '길치'였다. 처음 자취방으로 올 때부터 학교로 버스를 타고 와서 사범대 건물로 등교하는 과정에서도 정말 많이 해맸다. 분명 맞는 버스를 탄거 같은데 알고보니 다른 목적지의 버스였던 것이다.

이런 사태가 발생한 이유는 역시 교통 문해가 부족했기 때문이라고 생각한다. 조금 더 안내판에 관심을 갖고 주의 깊게 읽고 이해를 했으면 될 일을 그렇지 못했기 때문이다. 교통 문해가 부족하다면 이렇게 간단한 일에도 해매게 된다. 심지어 나는 여행을 매우 좋아해서 여행을 몇 번 갔었는데 그 때는 더 심각했다. 해외였기 때문에 사람들도 말은 안 통하고 정말 손발에 식은땀이 뻘뻘 났던 경험이 있다. 그 때마다 내가 왜 이렇게 길을 잘 못 찾고 교통편도 엉뚱한 걸 타나 생각을 했지만 그냥 다 경험이라 생각하고 넘겼던 것 같다.

그리고 그 원인에 대해 살면서 처음으로 진중하게 생각해보게 되었다. 사실 지도는 기호로 이루어졌기 때문에 잘 모를 수도 있겠지만 교통편 이용은 기본 3RS 능력을 갖춘다면 누구든 할 수 있는 것이다. 그렇기에 나의 문제는 근본적인 문해 능력 부족이 아닌 집중력 부족이라는 결론에 다다랐다. 한마디로 그냥 긴장을 하고 살지 않았다는 뜻이다. **앞으로는 교통문해에 저하가 오지 않게 어떤 상황에서라도 최소한의 집중력은 가져야겠다.**

Guide. 위 리포트의 내용을 읽고 교수님의 요구를 제대로 반영했는지 개선점을 기술해 보세요.

____

____

____

____

____

____

사례 4

1) 우리나라 대학생으로서 알아야 할 대학문해에 대해 영역을 제시하고 논의하시오.

학생의 본분은 공부이다. 다만 공부도 공부지만 대학교는 일단 사회생활을 시작하는 곳 이기도 한다. 미성년자를 벗어나 처음 보는 사람들과 지내게 된다. 그렇기에 우리는 사회생활 하는 법을 알아야 한다. 그래서 나는 대학생으로서 알아야 할 대학문해의 큰 주제를 〈사회생활 문해〉라고 정했다.

〈기본적 예의〉

사회생활을 하기 위해서는 상호간의 예의를 잘 지켜야 한다. 대학교에 와보면 교수님이 계시고 선배님들도 계시고 동기들도 있다. 그리고 나중에는 후배들도 들어올 것이다. 각각 대하는 태도도 전부 다를 것 이며, 동기들이 모두 동갑이 아닐 수도 있다. 그렇기에 대학생은 초면에 상대방을 존중 한다는 의미로 존댓말을 사용해야 한다. 상대방이 나이가 나보다 많던, 같던, 적던 간에 서로 알던 사이가 아니었기에 존댓말을 사용하고 친분이 생긴 다면 상호간의 협의 하에 말을 편하게 해야 한다. 그리고 행동에도 주의를 할 필요가 있다. 흡연을 하기 싫어하는 사람 앞에서 흡연하기, 불쾌한 제스처 취하기, 불필요한 신체접촉 등 존댓말과 더불어 행동들도 주의를 해야 한다. 첫인상은 매우 강렬하고 큰 역할을 한다. 만약 서로 모르는 상태에서 행동이나 말에서 실수를 한다면 상대방은 본인이 어떤 사람인지 잘 모르기에 그 사람을 그런 행동을 하는 사람으로 일반화 하여 생각할 수 있다. 서로 자라온 환경도 다르기에 더욱 더 조심 해야 한다. 수업시간에서는 당연한 이야기지만 교수님 이기전에 어른이기에 공경하는 마음을 가지고 수업에 임해야 하고, 수업시간에 무단으로 늦거나 지각하는 일도 없어야 한다. 이러한 기본적 예의를 잘 지킨다면 성공적인 대학생활의 첫걸음이 될 수 있을 것이다.

〈조심하여 행동하자〉
대학교에 온다면 대부분은 처음 보는 사람들과 지내게 된다. 서로는 서로가 어떤 사람인지 자세히 알지 못한다. 그렇기에 행동을 조심히 해야 한다. 친밀감이 쌓이지 않은 상태에서의 어떤 행동들은 불쾌감을 유발 할 수 있으며, 그러한 사소한 일로 관계가 틀어질 수 있다. 그리고 성인이 되어 대학교에 온다면 할 수 있는 것이 늘어난다. 바로 '술'이다. 대부분의 사람들은 20살이 되고 대학교에 와 술을 접하게 된다. 그때 무턱대고 술을 막 마신다면 돌이킬 수 없게 취해서 실수를 저지를 수 있다. 그렇기에 성인이 된 기쁨을 조금 추스르고 본인의 주량을 알 필요도 충분히 있다. 그렇다고 어느 정도 친해지고 나서도 행동은 항상 조심해야 한다. 상대방이 어떤 행동을 불쾌하게 느낄지 알지 못하기 때문이다.

대학교에 와서는 학습이전에 이러한 단체생활에서의 기본적인 예의를 지켜야만 대학생활에 적응하고 학업에 집중 할 수 있을 것이다. 이러한 내용들을 마음 한 켠에라도 아주 작게 생각하고 있다면 행동하는데 있어서 조심하고 신중할 수 있으며, 그렇게 좋은 인간관계를 유지하며 대학생활을 하면 행복한 대학생활에 도움이 될 것이다.

Guide. 위 리포트의 내용을 읽고 교수님의 요구를 제대로 반영했는지 개선점을 기술해 보세요.

---

3) 좋은 리포트의 특징

- 제시
- 조화
- 근거
- 관점
- 명료성
- 정확성
- 적합성
- 형평성
- 차별성

제시란 내가 말하고자 하는 내용을 나의 리포트에서 보여 주는가, 못 보여 주는가에 대한 것을 말합니다. 아무리 많은 분량의 리포트를 써도 교수님이 원하는 내용이든 아니든 학생이 뭔가를 제시하지 않으면 높은 점수를 받기 어려울 것입니다. 또한 내용을 보여 줌에 있어서 이것저것 내용을 가져다가 단순 짜깁기 형식으로 제시하는 경우에는 좋은 점수를 기대할 수 없습니다. 왜냐하면 자신이 하고자 하는 내용을 제시한 것이 아니라 남의 말을 전달만 하고 있기 때문입니다.

조화란 내용와 내용 간에 흐름이 있는가에 대한 것입니다. 내용을 제시함에 있어서 흐름이 있다는 것은 먼저 제시할 내용과 나중에 제시할 내용이 논리적으로 전개되어야 함을 의미합니다. 흔히 서론, 본론, 결론의 흐름을 따르도록 구성하는 경우가 많은데, 어떠한 흐름으로 구성하는가는 전적으로 학생 본인의 결정사항입니다.

근거란 내가 제시하는 주장이나 관점들을 정당화해 주는 내용입니다. 단순히 상상이나 추측만으로 나의 이야기를 전개하면 소설 같은 문학작품은 될 수 있지만, 교수님이 기대하는 리포트가 되기 어려울 것입니다. 따라서 나의 주장이나 관점이 왜 타당한지에 대한 근거가 필요합니다. 흔히 말하는 팩트 체크(fact check)는 근거를 제시하는 중요한 방법입니다. 내가 알고 있는 것이 잘못된 것일 수도 있으므로 객관적인 데이터를 찾거나 누가 그런 말을 했는지 소스를 공개하여 정당화하는 것입니다. 이때 필요한 것이 참고문헌입니다. 참고문헌에서 정보를 탐색하여 나의 리포트에 적절하게 인용함으로써 근거 제시를 완성시켜 가는 것이 중요합니다.

관점이란 세상을 보는 눈입니다. 리포트는 하나의 문서로서 작성자인 학생 본인이 세상에 대해 자신이 보는 대로 적은 것이라고 할 수 있습니다. 누구나 생존하고 있으므로 세상에 대해 뭔가 생각이 있습니다. 그러한 생각을 리포트에 잘 정리하면 그것이 바로 자신의 관점이라고 할 수 있습니다. 문제는 학생들이 리포트를 작성할 때 여기저기서 남의 말을 가져다가 짜깁기하는 경우에 교수님은 도대체 이 학생의 관점은 무엇이지라고 궁금해 하신다는 것입니다. 왜냐하면 학생 본인의 관점에 근거한 목소리는 안 보이고 모두 이런저런 참고문헌에 있는 의견들만 모아 놓았기 때문입니다. 따라서 자신의 관점이 무엇인지 분명하게 드러낼 필요가 있습니다.

명료성이란 하고자 하는 말을 분명하게 표현하는 것입니다. 리포트에서 분명한 목적 없이 에둘러서 표현하거나 모호한 문구들을 사용하면 교수님은 그 메시지를 정확히 파악하기 어렵습니다. 또한 리포트는 말하는 것이 아니라 글로 쓰는 것이라는 점을 인식해야 합니다. 평상시 말할 때 사용하는 구어체를 사용하는 경우에는 의미가 불분명해질 수 있습니다. 따라서 문장을 쓸 때 사용하는 단어나 문구를 사용해야 합니다.

정확성이란 남의 이야기를 가져오거나 팩트 체크 시 잘못된 정보나, 자료, 나아가 왜곡된 가짜 뉴스 등을 걸러 내는 것이 중요합니다. 잘못된 정보나 가짜 뉴스 등을 활용하면 나의 진술에 왜곡이 발생합니다. 즉, 내가 말하는 내용이 오류로 가득 찰 수 있게 됩니다. 따라서 항상 두 번, 세 번 체크하는 습관을 가져야 합니다.

적합성이란 리포트의 목적이나 내용 전개에 필요한 주장, 의견, 자료, 정보 등이 리포트 전체의 구성에 얼마나 도움을 주고 있는가에 대한 것입니다. 불필요한 내용으로 가득 채워 놓는다고 좋은 리포트가 될 수 없습니다. 오히려 감점이 될 것입니다.

형평성이란 특히 논의를 할 때 나의 의견과 다른 의견에 대한 종합적인 고려를 하고 있는가에 대한 것입니다. 나의 의견이나 그것을 지지하는 사례, 근거들만 제시한다면 한편으로 치우친 리포트가 될 수 있습니다.

차별성이란 나의 리포트가 수업에서 다룬 내용과 어떻게 다르고, 나아가 그 이슈에 대해 전혀 색다른 관점의 +알파가 제시되는가 하는 것입니다. 수업에서 교수님이 강조한 내용을 무시하고 전혀 다른 내용을 전개하라는 것이 아니라 그 내용을 바탕으로 지식을 확장하거나 발전시킬 뭔가를 추가한다는 의미입니다.

이제 앞의 사례들에 대해서 여러분이 작성한 것을 다시 한 번 보기 바랍니다. 우선 간단히 살펴보면 다음과 같습니다.

〈사례 1〉에서는 뭔가를 제시하고 있지만 대학문해에 대한 적합성이 없는 내용입니다. 즉, 대학문해에 대한 내용이 아니라 대학에서 할 일을 제시하여 교수자의 기대를 파악하지 못하고 있습니다. 이런 경우에는 교수님의 입장에서는 열심히는 했지만 제대로 못했다는 생각을 하게 됩니다. 여러분도 대학생으로서 처음 리포트를 작성할 때 도대체 어떻게 써야 할지 모르는 상태에서 비슷한 실수를 했을 수 있습니다. 다시 한번 강조하지만 뭔가를 열심히 적기만 하여 분량을 채우기만 하면 된다는 생각에서 벗어날 필요가 있습니다.

〈사례 2〉에서는 많은 내용을 제시하고 있습니다. 영역 분류도 하고 있습니다. 그러나 논의를 전개함에 있어서 흐름이 보이지 않습니다. 그냥 토막토막 몇 줄씩 자기 생각을 제시하고 있을 뿐입니다. 즉, 주장이나 의견의 단순 나열이라는 한계가 있습니다. 나아가서 불필요하게 다수의 글꼴을 사용하고 있으며, 네모 박스나 밑줄 긋기를 통해 강조하고 있는 것이 과연 필요했는지 점검해 봐야 합니다.

〈사례 3〉에서는 대학문해에 대한 논의를 시도하고 있습니다. 서론에서 입장을 제시한 후에 영역별로 예를 들어 설명하는 등의 시도를 하고 있습니다. 특히 학생은 하나의 영역에 대해 자신의 개인적 경험까지 언급하며 보다 생생한 리포트 내용 작성을 시도하였습니다. 그러나 영역 분류가 2개에 불과하여 다양한 대학문해에 대한 교수님의 기대를 충분히 반영하고 있지 않습니다.

〈사례 4〉에서는 대학문해에 대한 논의를 시도하였지만 영역별로 제시하라는 기대를 반영하지 못하고 있습니다. 즉, 조화를 위해 도입을 시도하고 그 이후에 전개하는 것은 좋습니다. 그러나 큰 영역으로서 '기본적 예의'라고 하고, 그 하위에서 조심하여 행동하자는 식의 전개는 내용에 대한 논의는 있으나 교수님이 기대하는 다양한 영역 분류에 대한 것을 충족하는 데에는 한계가 있습니다. 나아가 한 문단이 너무 길어지지 않도록 중간에 문단을 나누어 명료하게 하는 것도 필요할 수 있습니다.

Guide. 앞의 리포트 사례 4개에 대해 9가지 좋은 리포트의 특징을 반영하여 개선점을 기술해 보세요.

____

____

____

____

____

____

2. 리포트는 어떤 순서로 작성하나요

1) 리포트 작성의 단계

1단계	요구사항을 파악하라
2단계	핵심 키워드를 나열하라
3단계	궁금증을 떠올리라
4단계	핵심 메시지를 선정하라
5단계	초안 형태로 아는 것을 적어 보라
6단계	학습한 내용을 리뷰하라
7단계	참고문헌을 참조하라
8단계	골격을 완성하라
9단계	2차 버전을 작성하라
10단계	문단 구분을 확인하라
11단계	+알파를 시도하라
12단계	3차 버전을 작성하라
13단계	3번 반복하여 점검하라
14단계	표지를 다듬어라
15단계	최종 제출본

Guide. 리포트 작성의 단계에 대해 자신의 추가 의견이 있으면 제시해 보세요.

2) 리포트 작성 단계별 사례 분석

리포트 과제:

문제발견의 중요성에 대해 논의하시오

1단계 **요구사항을 파악하라**

학생의 생각:

논의는 나의 의견을 근거를 들어 조리 있게 작성하면서도 반대 의견을 포함하여 나의 주장이 맞다는 것을 드러내야 한다.

학생의 설명:

'논의하시오'라는 요구사항이 어떤 의미를 담고 있는지, 어떻게 논의를 해야 할지 생각하였다.

Point 이 학생은 리포트 주제를 접한 후에 논의를 하기 위해서 근거, 조리, 반대 의견 포함, 그리고 나의 주장이 맞다는 것을 드러내야 한다는 생각을 하고 있습니다. 즉, '논의하시오'를 어떻게 풀어 갈 것인지 리포트 작성 전에 심도 있게 전략을 생각하고 있습니다. 여기서 한 가지 아쉬운 점은 '문제발견'이라는 키워드에 대한 자신의 사전 이해를 언급하지 않고 있다는 점입니다. 아마도 문제발견에 대해서는 이미 어느 정도의 이해도를 가지고 있었기에 언급이 없는 것 같습니다. 여러분은 어떤 생각을 했나요?

2단계 **핵심 키워드를 나열하라**

3단계 **궁금증을 떠올려라**

학생의 생각:

〈궁금증〉

문제발견으로 얻는 이점은 무엇이 있을까?

문제발견 역량이 부족하면 어떤 결과가 발생할까?

문제발견이 필요하다고 주장한 학자는 누가 있을까?

문제발견보다 문제해결을 중시하는 반대 의견의 학자는 누가 있을까?

문제발견을 잘하는 사람들의 특징이 있을까?

문제발견이 긍정적인 결과로 이어진 사례는 무엇이 있을까?

문제발견을 중시하지 않는 사람은 왜 그럴까?

계속 문제발견을 해 온 사람은 그렇지 않은 사람과 어떤 차이가 있을까?

〈키워드〉

문제발견, 창의성, 기획력, 사고력, 문제해결, 해결책으로서의 아이디어, 창의적인 아이템

학생의 설명:

리포트 주제를 듣자마자 떠올렸던 궁금증을 최대한 나열하려고 노력했다. 한 부분만 보는 것이 아니라 여러 부분에서 궁금증을 떠올리려고 노력하였다. 키워드는 실제로 리포트를 작성할 방향을 생각하며 뽑아 보았다.

Point 이 학생은 리포트 주제와 관련된 자신의 궁금증을 일단 가능한 한 많이 나열하려고 하였습니다. 이 과정은 좋은 리포트 작성에서 매우 중요한 자신만의 브레인스토밍이라고 할 수 있습니다. 가능한 많은 것을 나열해 봄으로써 자신이 작성할 리포트의 다양한 측면을 건드려 보는 것입니다. 그 이후에 점차 핵심을 추려 나가야 할 것입니다. 나아가 키워드는 작성할 리포트의 작성 방향을 담고 있는 것을 뽑아냈습니다. 즉, 키워드 도출부터 이미 자신이 의도한 방향으로서 리포트 내용을 담고 있는 것입니다. 특히 궁금증을 먼저 생각하고 다음에 키워드를 나열해 보았다는 순서도 주목할 만합니다. 이는 학생 자신의 사고의 흐름을 보여 주는 것이라고 할 수 있습니다. 여러분은 어떤 생각을 했나요?

4단계 핵심 메시지를 선정하라

학생의 생각:

문제발견은 문제해결의 기초가 된다.

문제발견은 창의적 아이디어의 토대가 된다.

문제발견은 기획력의 기초가 된다.

문제발견은 비판적 사고력의 기초가 된다.

문제발견은 발전의 토대가 된다.

이 중 3~4 개 선택

학생의 설명:

앞의 단계에서 떠올린 궁금증, 키워드 등을 바탕으로 내가 리포트에 드러낼 나의 핵심 의견을 나열하였다. 그중 '문제해결의 기초가 된다' '창의적 아이디어의 토대가 된다' '기획력의 기초가 된다'는 주장을 바탕으로 논의해야겠다는 결정을 내렸다.

Point 이 학생은 자신이 전달하고자 하는 핵심 메시지를 단순이 나열하는 데 그치지 않고 그중에서 어떤 것을 강조할 것인가까지 생각하고 있습니다. 이렇게 접근하면 나의 리포트의 중심 관점이 분명해지고 리포트를 구성하기가 쉬워집니다. 왜냐하면 중구난방으로 전개할 가능성이 줄어들기 때문입니다.

5단계 초안 형태로 아는 것을 적어 보라

학생의 생각:

매일매일을 그냥 보내는 사람과 주변의 문제에 관심을 가지며 보내는 사람이 있다. 어떤 사람이 문제를 더 잘 발견할까? 당연히 후자일 것이다. 그렇다면 문제를 더 잘 발견하는 사람은 그렇지 않은 사람보다 어떤 점이 더 뛰어날까? 어떤 차이가 있을까? 본 리포트에서는 이러한 궁금증을 바탕으로 문제발견의 중요성에 대해 논의해 보고자 한다.

→ 넘어가는 흐름이 자연스러운가?

문제발견은 문제해결의 기초가 된다. 문제를 발견하지 못한 채로 문제를 해결할 수 있을까? 없다. 문제해결은 곧 자기 발전 또는 성과로 이어지게 되는데, 좋은 성과 혹은 발전을 이뤄 낸 사람들의 공통점이 있다. 바로 문제발견 역량이 뛰어나다는 것이다.

→ 사례 또는 근거를 찾아서 추가하기

문제발견은 기획력의 기초가 된다. 문제발견을 바탕으로 원인을 찾고, 원인을 없애는 해결책을 찾아나가면 하나하나가 아이템의 기능이 되고, 결국 문제발견은 아이템을 개발하는 기획력의 기초가 된다.

문제발견은 창의적 아이디어의 토대가 된다. 기획력을 바탕으로 좋은 아이템을 설계하기 위해서는 아이디어가 필수적인데, 아이디어를 구성하는 토대는 곧 문제발견이다. 문제 감수성이 뛰어난 사람이 더 많이 발견한 문제들을 바탕으로 보다 다양한 시각에서 아이디어를 떠올릴 가능성이 증가한다.

→ 나의 의견을 뒷받침할 수 있는 근거 추가하기. 논의가 드러나도록 의견과 반대 의견 추가하기. 메시지의 순서는 괜찮아 보임.

학생의 설명:
아무것도 보지 않고 초안을 작성해 보니 생각보다 나의 의견들이 머릿속에서 정리되지 않았음을 느낄 수 있었다. 또한 근거와 사례를 떠올리기 힘들었고, 글이 많이 부족한 느낌을 받았다. 그러나 초안을 바탕으로 개선할 점을 떠올리는 것 또한 많은 도움이 되었다. 어떤 점을 개선해야 할지 고민하면서 내 글을 비판적으로 읽을 수 있는 힘이 생겼고, 평소보다 글을 단계적으로, 체계적으로 작성하게 되었다.

Point 이 학생은 초안을 작성할 때의 막막함을 솔직하게 진술하고 있습니다. 그러나 그러한 시도를 해 봄으로써 자신이 그 주제에 대해 어떠한 실력이 있는지 파악해 보는 것이 중요합니다. 머릿속에서 처음부터 완벽한 글을 만들어 쓴다는 것은 불가능합니다. 초안부터 작성하여 보고 잠깐 쉰 후에 다시 읽어 보며 개선할 점을 찾아보는 것을 권합니다.

6단계 학습한 내용을 리뷰하라

학생의 생각:

아이템 개발과 관련해서 문제발견이 왜 중요한가? (지니로봇 중심으로)

문제를 잘 발견해야 가장 효율적이고 적절한 해결책을 찾을 수 있다.

문제를 잘 발견해야 아이템의 단점을 보완할 수 있다. 발전하지 않으면 도태된다.

기획력을 키우는 것이 중요하다. 4차 산업혁명 시대에는 나의 지식과 경험을 바탕으로 내 주변의 문제를 항상 캐치할 수 있는 역량이 중요시된다.

학생의 설명:

학습한 내용들을 돌아보며 내 리포트에 어떤 부분이 부족한지를 찾아볼 수 있었다. 수업 시간에 배운 내용의 이해를 바탕으로 나의 관점을 추가하면서 어떤 의견을 리포트에 녹여 낼 것인지 고민하는 시간을 가졌다.

Point 수업 시간에 다루었던 내용이 무엇인지 정확히 파악하는 것은 매우 중요합니다. 1차 노트에서 맥락을 확인하고, 2차 노트에서 자신이 어떻게 지식을 구성했는지 다시 한 번 살펴보면 지금 작성하고 있는 리포트에서 어느 부분이 빠졌는지 쉽게 알 수 있습니다. 학생들이 지금까지 배운 학습 내용을 전체적으로 조망하여 핵심을 파악하지 않고 단지 부분적 지식만을 반영하여 리포트를 쓰는 경우가 많습니다. 그러나 지식의 전쟁터인 수업에서 교수님, 동료 학생들과 나눈 지식의 핵심을 놓친다면 좋은 리포트가 될 수 없습니다.

7단계 참고문헌을 참조하라

학생의 생각:

「과학영재 중학생과 일반 중학생의 문제발견의 차이」, 윤경미, 열린교육연구

「중학생의 문제발견 검사 점수와 창의적 사고, 창의적 인성, 창의적 산물의 관계연구」, 오영란

학생의 설명:

궁금증, 키워드를 기반으로 나의 의견과 비슷하여 근거가 될 수 있는 논문들을 RISS에서 찾아보았다. 여러 편의 논문들을 읽어 보고 나의 의견을 충분히 뒷받침할 수 있는 논문들로 선정하였다.

Point 참고문헌은 팩트 체크를 위해서도 필요하고, 나의 관점을 확장하기 위해서도 필요합니다. 또 다른 사람들의 반대 관점을 파악함으로써 형평성을 보강하는 데에도 필요합니다. 어느 특정한 관점만을 추종하게 되면 왜곡된 결론을 도출하게 되므로 가능한 한 균형 있는 전개가 될 수 있도록 참고문헌을 활용합니다.

8단계 골격을 완성하라(제목, 서론, 본론, 결론 등)

학생의 생각:

〈서론〉

문제발견의 개념, 궁금증 언급

〈본론〉

첫째, 문제발견은 문제해결의 기초가 된다.

둘째, 문제발견은 기획력의 기초가 된다.

셋째, 문제발견은 창의적 아이디어의 토대가 된다.

〈결론〉

문제발견의 중요성, 전체적 마무리

학생의 설명:

앞에서 작성한 초안을 바탕으로 서론, 본론, 결론으로 골격을 나누어 보았다. 지금까지는 개요를 먼저 작성한 후에 골격을 먼저 나누고 글을 쓰는 방법만을 배워 왔는데, 이렇게 초안을 작성하여 골격을 나누니 글이 전체적으로 더 잘 이어지고 자연스러운 느낌을 받았다. 글의 순서는 이상하지 않은지, 흐름이 자연스럽지 않은 부분은 없는지 생각하며 골격을 나누었다.

Point 초안을 잡은 내용을 수정하면서 큰 틀에서 내용과 내용 간의 흐름을 정해 보는 것이 중요합니다. 내용 전개의 논리성을 확보해야 하는데 앞의 내용과 뒤의 내용이 어떠한 관계인지를 파악하면서 작성합니다. 예를 들어, 앞에서 결과를 제시하고 뒤에서 원인을 풀어 설명할 것인지 아니면 특정 이론에 대한 사례를 제시할 것인지 등도 고려하여 문단과 문단 간의 관계를 생각합니다.

크게 서론, 본론, 결론으로 흐름을 정할 것이라면 각 부분에 어떤 내용을 담을 것인지 먼저 떠올려 봅니다. 내용 흐름의 골격을 잡는 것은 전적으로 작성자 본인의 결정사항입니다.

9단계 2차 버전을 작성하라

학생의 생각:

'문제발견'이란 주변의 상황에 관심을 갖고, 이를 바탕으로 문제를 파악하는 역량을 말한다. WPBL 수업을 통해 배우는 기초 역량이기도 하며, 요구 분석의 시작이 되기도 한다. 매일매일을 그냥 보내는 사람과 주변의 문제에 관심을 가지며 보내는 사람이 있다. 어떤 사람이 문제를 더 잘 발견할까? 당연히 후자일 것이다. 그렇다면 문제를 더 잘 발견하는 사람은 그렇지 않은 사람보다 어떤 점이 더 뛰어날까? 문제해결뿐만 아니라 문제발견이 중요한 이유는 무엇일까? 본 리포트에서는 이러한 궁금증을 바탕으로 문제발견의 중요성에 대해 논의해 보고자 한다.

본론

첫째, 문제발견은 문제해결의 기초가 된다. 문제를 발견하지도 못한 채로 문제를 해결할 수 있을까? 당연히 없을 것이다. 그러나 많은 사람은 문제와 원인, 해결책을 혼동하고 있으며, 혼동으로 인해 최적의 해결책을 찾지 못한다. 좋은 문제발견은 곧 좋은 문제해결로 이어지게 되고, 이는 곧 자기 발전 또는 성과로 이어지게 된다는 점에서 매우 중요하다. 미국의 철학자이자 교육학자인 John Dewey는 문제해결방법의 1단계로 문제의 인식을, 2단계로 문제해결의 계획을 제시하였다. 이는 문제의 발견이 문제해결의 기초가 된다는 점을 잘 보여 준다. 여기서 좋은 성과 혹은 발전을 이뤄 낸 사람들의 공통점이 있다. 바로 문제발견 역량이 뛰어나다는 것이다. '「과학영재 중학생과 일반 중학생의 문제발견의 차이」, 윤경미, 열린교육연구' 논문에 따르면 문제해결보다 문제발견에서 좋은 점수를 기록한 학생들이 이후 자신의 분야에서 창의적인 전문가로 성공을 거둔 것으로 나타났고, 이 밖에도 문제발견과 창의적 성취와의 관련에 대한 연구들(Kay, 1991; Okuda, Runco & Berger, 1991)에서 문제발견 과정이 문제해결 과정보다 창의적 성취에 있어서 더 중요하다는 결과를 보였다. 또한 과학 영재 학생과 일반 학생 사이에 문제발견 역량의 양과 질 면에서 차이가 있다는 점도 저자의 의견과 일치한다고 할 수 있다. 이를 통해 문제발견은 문제해결의 기초가 되며, 이를 바탕으로 좋은 결과물을 성취해내는 것과 연관되어 있음을 알 수 있다.

둘째, 문제발견은 기획력의 기초가 된다. 기획력은 아이템을 스스로 개발해 낼 수 있는 실력이다. 이러한 기획력은 문제발견 역량으로부터 시작된다고 할 수 있다. 문제발견을 바탕으로 원인을 찾고, 원인을 바탕으로 적절한 해결책을 생각해 내고, 해결책 하나하나가 아이템의 기능이 된다. 결국 문제발견은 아이템을 개발하는 기획력의 기초가 되며, 아이템을 개발하는 데 필수적이고 중요한 역량이라고 할 수 있다.
교사와 학생이 팀을 이루어 발명품 아이디어를 선보이는 대회인 '전국 학생과학발명품 경진대회'에서 국무총리상을 수상한 학생은 일상생활에서의 문제발견을 바탕으로 발명품을 개발했다. 급식실 정수기에 물이 맺히는 현상을 발견한 후, 이러한 현상이 세균 번식을 빠르게 한다는 문제를 발견하였다. 학생은 이 현상의 원인이 구멍에 맺힌 물방울이 아래로 떨어지지 않고 주변에 오래 머무는 것 때문임을 알아냈고, 원인을 해결하기 위해 물방울을 밖으로 빠르게 밀어내는 정수기 코크를 개발해 냈다. 어린이동아 뉴스에 따르면 위 학생에게 발명 비법에 대해 인터뷰를 진행하자 "주변에서 흔히 보이는 현상을 자세히 보면 문제를 발견할 수 있고, 이것이 기발한 발명 아이디어가 될 수 있다"고 답했다고 한다. 이처럼 문제발견은 아이템을 스스로 개발해 내는 기획력의 기초가 될 수 있어 매우 중요한 역량이다.

셋째, 문제발견은 창의적 아이디어의 토대가 된다. '문제는 곧 아이디어이다'라는 중요한 말이 있다. 문제를 파악하지 않고 원인을 해결하지 않는 아이템은 단순 기계일 뿐이다. 문제발견을 통해 파악된 원인들을 해결하는 해결책들과 관련된 아이템은 문제로부터 나온 아이디어라고 할 수 있다. 기획력을 바탕으로 좋은 아이템을 설계하기 위해서는 아이디어가 필수적인데, 아이디어를 구성하는 토대는 곧 문제발견이다. 문제 감수성이 뛰어난 사람이 더 많이 발견한 문제들을 바탕으로 보다 다양한 시각에서 아이디어를 떠올릴 가능성이 증가한다. 창의적인 과학자의 대표적 인물인 Albert Einstein은 "문제의 발견은 종종 그 해결보다 더욱 중요하다. 새로운 문제나 가능성을 떠올리고, 기존의 문제를 새로운 시각으로 생각하는 것은 창의적인 상상력을 요구하고, 과학에서의 실제적인 진보를 가능하게 한다(Einstein & Infeld, 1938, p. 90)." 라고 문제발견의 중요성을 역설하였다. 또한 문제발견과 창의적 성취와의 관련에 대한 연구들(Kay, 1991; Okuda, Runco & Berger, 1991)에서는 문제발견 과정이 문제해결 과정보다 창의적 성취에 있어서 더 중요하다는 결과를 보였다며 문제발견의 중요성을 시사하였다.

결론

4차 산업혁명 시대를 지나 앞으로는 더 많은 아이템이 필요해지는 사회가 될 것이다. 이러한 상황에서 문제발견은 문제해결의 기초가 되며, 기획력의 기초가 되고, 창의적 아이디어의 토대가 된다는 점에서 매우 중요한 역량으로 보인다. 문제 감수성을 길러 문제발견에 능숙해지는 것이 필요할 것으로 보인다.

학생의 설명:
2차로 글을 작성할 때는 초안을 작성하며 했던 생각들을 최대한 반영하려고 노력했다. 참고문헌, 1차, 2차 노트를 바탕으로 초안에서 부족했던 부분을 보완하려고 노력하며 글을 작성하였다. 확실히 글이 다듬어지는 느낌을 받았다.

Point 2차 버전은 초안에 대해 8단계에서 준비한 골격을 반영하며 정교화하는 것입니다. 이때는 초안 이후에 추가로 파악된 정보나 수업 내용 등 다양한 내용을 선택적으로 포함하며 다듬는 것에 신경을 써야 합니다. 이 학생 역시 초안을 보완하는 데 노력했다고 언급하고 있습니다.

10단계 문단 구분을 확인하라

학생의 생각:
문제발견'이란 주변의 상황에 관심을 갖고, 이를 바탕으로 문제를 파악하는 역량을 말한다. WPBL 수업을 통해 배우는 기초 역량이기도 하며, 요구 분석의 시작이 되기도 한다.

매일매일을 그냥 보내는 사람과 주변의 문제에 관심을 가지며 보내는 사람이 있다. 어떤 사람이 문제를 더 잘 발견할까? 당연히 후자일 것이다. 그렇다면 문제를 더 잘 발견하는 사람은 그렇지 않은 사람보다 어떤 점이 더 뛰어날까? 문제해결뿐만 아니라 문제발견이 중요한 이유는 무엇일까? 본 리포트에서는 이러한 궁금증을 바탕으로 문제발견의 중요성에 대해 논의해 보고자 한다.

본론

첫째, 문제발견은 문제해결의 기초가 된다. 문제를 발견하지도 못한 채로 문제를 해결할 수 있을까? 당연히 없을 것이다. 그러나 많은 사람은 문제와 원인, 해결책을 혼동하고 있으며, 혼동으로 인해 최적의 해결책을 찾지 못한다. 좋은 문제발견은 곧 좋은 문제해결로 이어지게 되고,

이는 곧 자기 발전 또는 성과로 이어지게 된다는 점에서 매우 중요하다. 미국의 철학자이자 교육학자인 John Dewey는 문제해결 방법의 1단계로 문제의 인식을, 2단계로 문제해결의 계획을 제시하였다. 이는 문제의 발견이 문제해결의 기초가 된다는 점을 잘 보여 준다.

여기서 좋은 성과 혹은 발전을 이뤄 낸 사람들의 공통점이 있다. 바로 문제발견 역량이 뛰어나다는 것이다. '「과학영재 중학생과 일반 중학생의 문제발견의 차이」, 윤경미, 열린교육연구' 논문에 따르면 문제해결보다 문제발견에서 좋은 점수를 기록한 학생들이 이후 자신의 분야에서 창의적인 전문가로 성공을 거둔 것으로 나타났고, 이 밖에도 문제발견과 창의적 성취와의 관련에 대한 연구들(Kay, 1991; Okuda, Runco, & Berger, 1991)에서 문제발견 과정이 문제해결 과정보다 창의적 성취에 있어서 더 중요하다는 결과를 보였다.

또한 과학 영재 학생과 일반 학생 사이에 문제발견 역량의 양과 질 면에서 차이가 있다는 점도 저자의 의견과 일치한다고 할 수 있다. 이를 통해 문제발견은 문제해결의 기초가 되며, 이를 바탕으로 좋은 결과물을 성취해 내는 것과 연관되어 있음을 알 수 있다.

둘째, 문제발견은 기획력의 기초가 된다. 기획력은 아이템을 스스로 개발해 낼 수 있는 실력이다. 이러한 기획력은 문제발견 역량으로부터 시작된다고 할 수 있다. 문제발견을 바탕으로 원인을 찾고, 원인을 바탕으로 적절한 해결책을 생각해 내고, 해결책 하나하나가 아이템의 기능이 된다. 결국 문제발견은 아이템을 개발하는 기획력의 기초가 되며, 아이템을 개발하는 데 필수적이고 중요한 역량이라고 할 수 있다.

교사와 학생이 팀을 이루어 발명품 아이디어를 선보이는 대회인 '전국 학생과학발명품 경진대회'에서 국무총리상을 수상한 학생은 일상생활에서의 문제발견을 바탕으로 발명품을 개발했다. 급식실 정수기에 물이 맺히는 현상을 발견한 후, 이러한 현상이 세균 번식을 빠르게 한다는 문제를 발견하였다. 학생은 이 현상의 원인이 구멍에 맺힌 물방울이 아래로 떨어지지 않고 주변에 오래 머무는 것 때문임을 알아냈고, 원인을 해결하기 위해 물방울을 밖으로 빠르게 밀어내는 정수기 코크를 개발해냈다.

어린이동아 뉴스에 따르면 위 학생에게 발명 비법에 대해 인터뷰를 진행하자 "주변에서 흔히 보이는 현상을 자세히 보면 문제를 발견할 수 있고, 이것이 기발한 발명 아이디어가 될 수 있다"고 답했다고 한다. 이처럼 문제발견은 아이템을 스스로 개발해 내는 기획력의 기초가 될 수 있어 매우 중요한 역량이다.

셋째, 문제발견은 창의적 아이디어의 토대가 된다. '문제는 곧 아이디어이다'라는 중요한 말이 있다. 문제를 파악하지 않고, 원인을 해결하지 않는 아이템은 단순 기계일 뿐이다. 문제발견을 통해 파악된 원인들을 해결하는 해결책들과 관련된 아이템은 문제로부터 나온 아이디어라고 할 수 있다.

기획력을 바탕으로 좋은 아이템을 설계하기 위해서는 아이디어가 필수적인데, 아이디어를 구성하는 토대는 곧 문제발견이다. 문제 감수성이 뛰어난 사람이 더 많이 발견한 문제들을 바탕으로 보다 다양한 시각에서 아이디어를 떠올릴 가능성이 증가한다.

창의적인 과학자의 대표적 인물인 Albert Einstein은 "문제의 발견은 종종 그 해결보다 더욱 중요하다. 새로운 문제나 새로운 가능성을 떠올리고, 기존의 문제를 새로운 시각으로 생각하는 것은 창의적인 상상력을 요구하고, 과학에서의 실제적인 진보를 가능하게 한다(Einstein & Infeld, 1938, p. 90)." 라고 문제발견의 중요성을 역설하였다. 또한 문제발견과 창의적 성취와의 관련에 대한 연구들(Kay, 1991; Okuda, Runco & Berger, 1991)에서는 문제발견 과정이 문제해결 과정보다 창의적 성취에 있어서 더 중요하다는 결과를 보였다며 문제발견의 중요성을 시사하였다.

결론

4차 산업혁명 시대를 지나 앞으로는 더 많은 아이템이 필요해지는 사회가 될 것이다. 이러한 상황에서 문제발견은 문제해결의 기초가 되며, 기획력의 기초가 되고, 창의적 아이디어의 토대가 된다는 점에서 매우 중요한 역량으로 보인다. 문제 감수성을 길러 문제발견에 능숙해지는 것이 필요할 것으로 보인다.

학생의 설명:
내용의 흐름이 바뀔 때, 문단이 너무 길어질 때를 생각하며 문단을 나누려고 했다. 문단 구분이 확실해야 독자가 읽기 편하다는 생각을 갖고 문단 구분을 확인하였다.

Point 2차 버전 작성 후에 전체를 다시 한번 읽어 보면서 문단과 문단을 구분하여 분리하는 것은 리포트를 읽는 독자들의 가독성을 높이는 데 필요합니다. 문단을 나누면서 내용 간의 관계도 다시 정립할 수 있으므로 문단 나누기를 할 때 적정한 문단의 길이를 고려합니다. 나아가서 문장이 너무 긴 경우에도 읽는 호흡을 가쁘게 할 수 있으므로 적절하게 조절합니다.

11단계 **+알파를 시도하라**

학생의 생각:

+알파 내용을 찾을 수 없음.

학생의 설명:

어떻게 창의적으로 내 생각을 드러낼 수 있을까에 대해 생각해 보았다.

Point 이 학생은 +알파를 시도하였으나 특별히 내용을 반영하지 못하고 있습니다. 사실 +알파를 하는 것이 쉬운 것은 아니지만 끊임없이 시도하는 것이 중요합니다.

12단계 **3차 버전을 작성하라**

학생의 생각:

3차 버전 제시(15단계 최종 제출본)

학생의 설명:

수업 시간의 피드백을 바탕으로 꼼꼼하게 읽으며 고칠 부분을 찾아보고, 부족한 부분을 채워 나가려고 노력했다.

Point 3차 버전은 최종 완성본입니다. 자신의 내공을 발휘하여 최선을 다해 보완하고 다듬어 가는 것이 중요합니다. 프라임 아이디어 간의 관계가 머릿속에 분명할수록 최종 3차 버전의 수준은 더욱 높아질 수 있습니다.

13단계 **3번 반복하여 점검하라**

학생의 생각:

앞에 제시된 3차 버전 읽기

학생의 설명:

오타가 있는 부분은 없는지, 문단이 이상하게 나뉜 부분은 없는지, 말의 흐름이 어색한 부분은 없는지 꼼꼼하게 읽어 보았고, 채점 기준에 맞춰 나의 글을 평가하면서 읽어 보았다.

Point 이제 마무리 단계입니다. 리포트 제출 하루 전에 하기보다는 미리 여유를 두고 1주일 이내에서 3번 반복하며 읽으면 경우에 따라서는 새로운 아이디어가 떠오르기도 하고, 부족한 점을 좀 더 충실히 보완할 수 있습니다. 이 학생은 좋은 리포트 특징을 고려하여 스스로 채점을 하며 반복해서 읽어 가며 보완을 하였습니다.

14단계 표지를 다듬어라

학생의 생각:

문제 발견의 중요성 논의

최종 리포트

< 요 약 >

본 레포트에서는 '문제를 더 잘 발견하는 사람은 그렇지 않은 사람보다 어떤 점이 더 뛰어날까?', '문제 해결 뿐만 아니라 문제 발견이 중요한 이유는 무엇일까?' 등의 궁금증을 바탕으로 문제 발견의 중요성에 대해 세 가지 주장을 들어 논의해 보고자 한다.

교육공학과
20220404 홍길동

학생의 설명:

깔끔하면서 정리된 표지를 만들었다.

Point 이 학생은 깔끔하게 표지를 만들었다고 하였는데, 중요한 것은 핵심 내용이 포함되어야 한다는 점입니다. 리포트 제목을 중앙에 놓고 강조하여 주목을 이끈 것이 좋으며, 요약을 표지에 포함하는 시도를 한 것도 나쁘지 않은 것 같습니다. 다만, 제출일과 교과목명, 담당교수명 등이 빠져 있으므로 보완할 필요가 있습니다.

15단계 최종 제출본

다음은 이 학생이 제출한 최종본입니다. 리포트 작성 단계를 거친 최종 결과물을 읽어 보며 자신이 지금까지 작성해 온 리포트와 비교해 보기 바랍니다. 물론 이 사례가 최고의 사례라고는 할 수 없지만 여러분에게 참조하여 도움이 되기를 바랍니다.

학생의 생각:

문제발견의 중요성

서론

'문제발견'이란 주변의 상황에 관심을 갖고, 이를 바탕으로 문제를 파악하는 역량을 말한다. WPBL 수업을 통해 배우는 기초 역량이기도 하며, 요구 분석의 시작이 되기도 한다.

매일매일을 그냥 보내는 사람과 주변의 문제에 관심을 가지며 보내는 사람이 있다. 어떤 사람이 문제를 더 잘 발견할까? 당연히 후자일 것이다. 그렇다면 문제를 더 잘 발견하는 사람은 그렇지 않은 사람보다 어떤 점이 더 뛰어날까? 문제해결뿐만 아니라 문제발견이 중요한 이유는 무엇일까? 본 리포트에서는 이러한 궁금증을 바탕으로 문제발견의 중요성에 대해 논의해 보고자 한다.

본론

첫째, 문제발견은 문제해결의 기초가 된다.

문제를 발견하지도 못한 채로 문제를 해결할 수 있을까? 당연히 없을 것이다. 그러나 많은 사람은 문제와 원인, 해결책을 혼동하고 있으며, 혼동으로 인해 최적의 해결책을 찾지 못한다. 좋은 문제발견은 곧 좋은 문제해결로 이어지게 되고, 이는 곧 자기 발전 또는 성과로 이어지게 된다는 점에서 매우 중요하다. 미국의 철학자이자 교육학자인 John Dewey는 문제해결방법의 1단계로 문제의 인식을, 2단계로 문제해결의 계획을 제시하였다. 이는 문제의 발견이 문제 해결의 기초가 된다는 점을 잘 보여 준다.

여기서 좋은 성과 혹은 발전을 이뤄 낸 사람들의 공통점이 있다. 바로 문제발견 역량이 뛰어나다는 것이다. '「과학영재 중학생과 일반 중학생의 문제발견의 차이」, 윤경미, 열린교육연구' 논문에 따르면 문제해결보다 문제발견에서 좋은 점수를 기록한 학생들이 이후 자신의 분야에서 창의적인 전문가로 성공을 거둔 것으로 나타났고, 이 밖에도 문제발견과 창의적 성취와의 관련에 대한 연구들(Kay, 1991; Okuda, Runco & Berger, 1991)에서 문제발견 과정이 문제해결 과정보다 창의적 성취에 있어서 더 중요하다는 결과를 보였다.

또한 과학 영재 학생과 일반 학생 사이에 문제발견 역량의 양과 질 면에서 차이가 있다는 점도 저자의 의견과 일치한다고 할 수 있다. 이를 통해 문제발견은 문제해결의 기초가 되며, 이를 바탕으로 좋은 결과물을 성취해 내는 것과 연관되어 있음을 알 수 있다.

문제발견보다 문제 정의가 중요하다고 생각하는 입장이 있을 수 있다. 문제 정의는 기존의 문제 해결책에서 변화를 일으킬 수 있으며, 정의를 어떻게 하냐에 따라 결과가 달라진다고 보는 입장이 있을 수 있다. 그러나 나는 문제 정의 또한 문제발견이 선행되어야 하는 것이라고 생각한다. 발견하지 못한 문제를 정의할 수는 없다. 따라서 문제 정의, 문제 해결 또한 매우 중요하지만 문제발견이 기초가 되어야 하므로 문제발견 역량이 매우 중요하다고 생각한다.

둘째, 문제발견은 기획력의 기초가 된다.

기획력은 아이템을 스스로 개발해 낼 수 있는 실력이다. 이러한 기획력은 문제발견 역량으로부터 시작된다고 할 수 있다. 문제발견을 바탕으로 원인을 찾고, 원인을 바탕으로 적절한 해결책을 생각해 내고, 해결책 하나하나가 아이템의 기능이 된다. 결국 문제발견은 아이템을 개발하는 기획력의 기초가 되며, 아이템을 개발하는 데 필수적이고 중요한 역량이라고 할 수 있다.

교사와 학생이 팀을 이루어 발명품 아이디어를 선보이는 대회인 '전국 학생과학발명품 경진대회'에서 국무총리상을 수상한 학생이 일상생활에서의 문제발견을 바탕으로 발명품을 개발한 사례가 있다.

학생은 급식실 정수기에 물이 맺히는 현상을 발견한 후, 이러한 현상이 세균 번식을 빠르게 한다는 문제를 발견하였다. 학생은 이 현상의 원인이 구멍에 맺힌 물방울이 아래로 떨어지지 않고 주변에 오래 머무는 것 때문임을 알아냈고, 원인을 해결하기 위해 물방울을 밖으로 빠르게 밀어내는 정수기 코크를 개발해 냈다.

어린이동아 뉴스에 따르면 위 학생에게 발명 비법에 대해 인터뷰를 진행하자 "주변에서 흔히 보이는 현상을 자세히 보면 문제를 발견할 수 있고, 이것이 기발한 발명 아이디어가 될 수 있다"고 답했다고 한다. 이처럼 문제발견은 아이템을 스스로 개발해 내는 기획력의 기초가 될 수 있어 매우 중요한 역량이다.

셋째, 문제발견은 창의적 아이디어의 토대가 된다.
'문제는 곧 아이디어이다'라는 중요한 말이 있다. 문제를 파악하지 않고, 원인을 해결하지 않는 아이템은 단순 기계일 뿐이다. 문제발견을 통해 파악된 원인들을 해결하는 해결책들과 관련된 아이템은 문제로부터 나온 아이디어라고 할 수 있다.
기획력을 바탕으로 좋은 아이템을 설계하기 위해서는 아이디어가 필수적인데, 아이디어를 구성하는 토대는 곧 문제발견이다. 문제 감수성이 뛰어난 사람이 더 많이 발견한 문제들을 바탕으로 보다 다양한 시각에서 아이디어를 떠올릴 가능성이 증가한다.
창의적인 과학자의 대표적 인물인 Albert Einstein은 "문제의 발견은 종종 그 해결보다 더욱 중요하다. 새로운 문제나 가능성을 떠올리고, 기존의 문제를 새로운 시각으로 생각하는 것은 창의적인 상상력을 요구하고, 과학에서의 실제적인 진보를 가능하게 한다(Einstein & Infeld, 1938, p. 90)."라고 문제발견의 중요성을 역설하였다. 또한 문제발견과 창의적 성취와의 관련에 대한 연구들(Kay, 1991; Okuda, Runco & Berger, 1991)에서는 문제발견 과정이 문제해결 과정보다 창의적 성취에 있어서 더 중요하다는 결과를 보였다며 문제발견의 중요성을 시사하였다. 이처럼 문제발견은 창의적 아이디어의 토대가 된다는 점에서 매우 중요하다.

결론

4차 산업혁명 시대를 지나 앞으로는 더 많은 아이템이 필요해지는 사회가 될 것이다. 이러한 상황에서 문제발견은 문제해결의 기초가 되며, 기획력의 기초가 되고, 창의적 아이디어의 토대가 된다는 점에서 매우 중요한 역량으로 보인다. 문제 감수성을 길러 문제발견에 능숙해지고, 이를 바탕으로 창의적 사고를 하는 역량이 필요할 것으로 보인다.

학생의 설명:

1차 버전부터 3차 버전까지 리포트를 작성하며 경험한 것

리포트를 작성하는 것은 많이 해 보았지만 리포트를 어떻게 써야 하는지에 대해서는 한 번도 배워 본 적이 없었는데, 체계적으로 기준이 되는 요소 하나하나에 신경을 쓰며 리포트를 작성하는 법을 배울 수 있었다. 1차 버전부터 3차 버전까지 점점 체계적으로 발전해 나가는 느낌을 받았다.

1차 버전과 3차 버전의 차이

1차 버전은 나의 생각이 충분하게 드러나지 않았고, 단계적으로 사고하지 않아 글이 복잡한 느낌이 들었다. 근거, 사례 또한 충분하지 않았으며, 논의보다는 주장하는 글에 가까운 느낌이었다. 그러나 3차 버전에는 단계적으로 사고하여 나의 생각이 정리된 모습으로 드러났고, 초안 작성 이후에 골격을 잡음으로써 서론, 본론, 결론의 흐름이 보다 자연스럽게 이어지게 되었다. 1차 버전에 비해 진정한 내 리포트가 된 것 같고, 근거, 사례, 다른 주장을 추가하여 내용 또한 풍부해졌다.

리포트 작성법을 통해 연습한 후기

교수님께서 가르쳐 주신 리포트 작성법을 통해 앞으로 리포트를 어떻게 작성해야 할지 체계적인 틀을 배울 수 있었고, 부족했던 부분을 보완할 수 있는 시간이었다. 채점 기준에 맞게 하나하나 작성해 나가고, 단계별로 리포트를 작성해 보는 경험이 신기했다.
또한 결과물을 보고 많이 놀라기도 했다. 리포트 과제가 나오면 어떻게 작성해야 할지 막막하기도 하고, 그냥 무작정 작성하기도 했는데 이제 리포트 작성 단계를 습관화해야겠다는 다짐을 했다. 1차 버전과 3차 버전의 차이가 명확하게 보여 더 신기했던 수업이었다.

〈채점 기준에 따른 자기 평가〉

제시	1	2	**3**	4	5
조화	1	2	3	4	**5**
근거	1	2	3	**4**	5
관점	1	2	3	**4**	5
명료성	1	2	3	**4**	5
정확성	1	2	3	**4**	5
적합성	1	2	3	**4**	5
형평성	1	2	**3**	4	5
차별성	1	**2**	3	4	5

➡ +알파가 부족해 차별성이 떨어진다고 생각하여 '차별성'을 채점 기준 중 가장 낮게 평가하였고, 글의 흐름이나 본론의 흐름이 자연스럽다고 생각해 '조화'를 가장 높게 평가하였다.

Point 이 학생은 리포트를 작성하면서 최종적으로 스스로 채점까지 해 보는 여유 있는 모습을 보이고 있습니다. 여러분도 급히 서둘러 작성하려고 하지 말고 미리미리 준비하여 좋은 리포트를 작성할 수 있기 바랍니다.

Guide. 여러분이 교수님이라면 위의 리포트를 어떻게 평가했을까요?

구분	1	2	3	4	5
제시					
조화					
근거					
관점					
명료성					
정확성					
적합성					
형평성					
차별성					

Guide. A+ 리포트 작성법을 배우면서 대학생으로서 본인의 리포트 작성에 대한 개선 방향을 적어 보세요.

3. 나의 학습방법

1) 나는 어떻게 학습하고 있는가

이거 시험에 나오나요?
중요한 것에 밑줄을 쳐 주세요.
문제를 풀며 정답과 설명을 적는다.
1타 강사의 쉬운 강의가 최고이다.
나 혼자 하는 게 속 편하다.
시험 전에 벼락치기로 몰아친다.
의미는 모르겠지만 일단 암기하자.
내가 하는 방법을 고수한다.
이유를 따지지 말자, 머리 아프다.
질문하는 것이 어색하다.
발표를 하려는데 시선이 두렵다.

고등학교 때까지의 자신의 학습방법을 떠올려 보기 바랍니다. 위의 리스트들이 매우 익숙한가요? 익숙할수록 대학생이 되어서 여러분이 개선해야 할 것이 많다는 의미입니다. 대학공부 성공하기 A⁺는 그냥 달성되지 않습니다. 철저하게 지난날의 잘못을 극복하고 새로운 학습방법으로 바꾸어 가는 것이 필요합니다. 한번 시작해 봅시다.

대학공부 성공하기 A+

Guide. 내가 지금 하고 있는 학습방법이 위의 리스트와 같나요? 새롭게 개선된 방법을 적어 보세요.

---

2) 나의 학습모델: WPBL

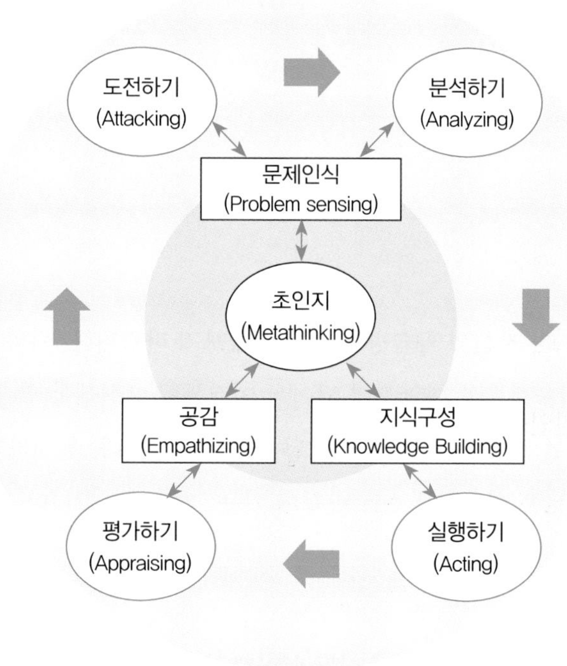

WPBL은 Workplace Problem Based Learning의 약자로서 실전 학습모델을 말합니다. 앞으로 공부해 나갈 학습모델입니다. 학습모델이란 여러분이 학습할 때 실제로 진행하는 학습의 과정을 나타내는 모델입니다. 이 장에서는 우선 단어의 의미를 파악하기 바랍니다.

• Metathinking: 초인지

–자신의 인지과정을 조절하는 행동

• Problem Sensing: 문제인식

–문제를 파악하는 행동

• Empathizing: 공감

–상대방과 뭔가를 공유하는 행동

• Knowledge Building: 지식구성

–자신의 지식을 만들어 가는 행동

• Attacking: 도전하기

–삶의 현장에서 생존을 위해 도전하는 행동

• Analyzing: 분석하기

–문제에 대한 원인을 파악하는 행동

• Acting: 실행하기

–문제에 대한 해결책을 계획하거나 해결해 나가는 행동

• Appraising: 평가하기

–실행하는 과정이나 결과를 평가하는 행동

용어들이 새로운가요? 하나하나 생각하며 의미를 파악해 보기 바랍니다. 그것이 자기주도학습의 시작입니다.

Guide. 앞의 단어들은 앞으로 여러분이 친숙해야 할 단어들입니다. 처음 소개받았는데 어떤 느낌이 들었나요?

2장

경력개발과 '6의 법칙'

학습 목표

1. 경력개발의 연령별 · 단계별 목표의 중요성을 설명할 수 있다.
2. 호모 헌드레드(Homo hundred)의 역설을 설명할 수 있다.
3. 청장년기와 노년기의 차이를 설명할 수 있다.
4. 미래 인재의 모습을 떠올릴 수 있다.
5. SRCDPPR을 암기할 수 있다.

학습 목차

1. 경력개발의 단계
2. '12년 준비의 원칙'
3. 미래 인재의 모습
4. 나의 학습방법

개요

대학 졸업 이후 100세까지 자신의 나이 변화에 따른 경력의 변화를 예측해 보기 바랍니다. 여러분은 대학에 왜 진학했을까요? 남들이 대학에 가니까 나도 다닌다는 생각은 하고 있지 않나요? 이제 성인으로서 자신의 인생을 개척해야 합니다. 그런데 중요한 것은 인생에는 각 연령마다 달성해야 할 단계를 설정하면 도움이 된다는 것입니다. 그냥 시간이 지나가고 나이가 든다는 수동적인 태도보다 스스로 나의 인생을 만들어 간다는 보다 긍정적이고 적극적인 태도를 가져 봅시다.

Guide. 내가 대학에 왜 왔는지 적어 보세요. 그리고 연령별로 자신이 어떻게 발전해 나갈지 생각해 보세요.

1. 경력개발의 단계

1) '6의 법칙'

20 26 32 38 44 50 56

이 숫자들이 무엇을 의미할까요?

대학생으로서 자신의 인생을 설계할 때 좁게 보지 말고 크게 보는 것이 중요합니다. 호연지기라고 했습니다. 담대한 마음으로 길게 자신이 어떠한 인생을 살 것인지 한 번 생각해 보기 바랍니다.

인생을 좁게 근시안적으로 볼 때와 넓게 긴 안목으로 볼 때 많은 차이가 나타납니다. 눈앞의 현상에만 급급하게 살게 되면 항상 마음이 초조하고 불안합니다. 그러나 꿈을 가지고 큰 그림을 그리겠다는 마음으로 자신의 인생을 바라보면 마음이 안정되고 서두르지 않으면서 하나씩 자신의 목표를 달성해 갈 수 있습니다. 다음 사진을 보세요.

뭔가 마음이 넓어지는 느낌이 들지 않나요? 앞의 사진은 저자가 에펠탑에 올라가서 찍은 프랑스 파리의 도시 모습입니다. 그때 생각했습니다. 크게 보고 살아가자고.

지금 여러분의 나이는 대학교 1학년이면 아마도 20세 전후이겠지요? 얼마나 긴 시간이 여러분을 기다리고 있을까요? 100세 이후까지 생각하며 나이별로 자신의 모습이 어떻게 변할지 생각해 봅시다.

20 26 32 38 44 50 56

이 숫자들은 인생의 나이를 의미합니다. 20세부터 시작하여 6년마다 뭔가 변화가 있을 것으로 가정합니다. 이 책에서 제시하는 설명이 모두 일반화될 수는 없지만 이 책에서는 우리나라는 6년마다 인생에서 경력의 단계가 변화된다고 보고 있습니다. 즉, 20세에 대학 입학, 26세에 취업, 32세에 대리, 38세에 과장, 44세에 부장, 50세에 이사, 56세에 전무 이와 같은 식으로 사다리가 있는 것 같습니다.

이러한 숫자들은 우리나라 규모 있는 기업들에서 나타나는 일반적인 사다리일 것입니다. 이 숫자들을 그대로 이해하지 말고 자신이 하고 싶은 분야에서의 사다리로 전환시켜 보기 바랍니다. 예를 들어, 20세에 창업, 26세에 10억 매출, 32세에 50억 매출과 같은 식으로 정리하면 여러분의 인생에 단계가 보이기 시작할 것입니다.

중요한 것은 6년마다 변화를 생각해 보라는 것입니다. 급하게 서둘러서 취업이나 창업을 하다 보면 원치 않는 일을 하게 되고, 단순히 돈만을 위해 취업하는 등의 문제가 발생합니다. 다음 기사를 보기 바랍니다.

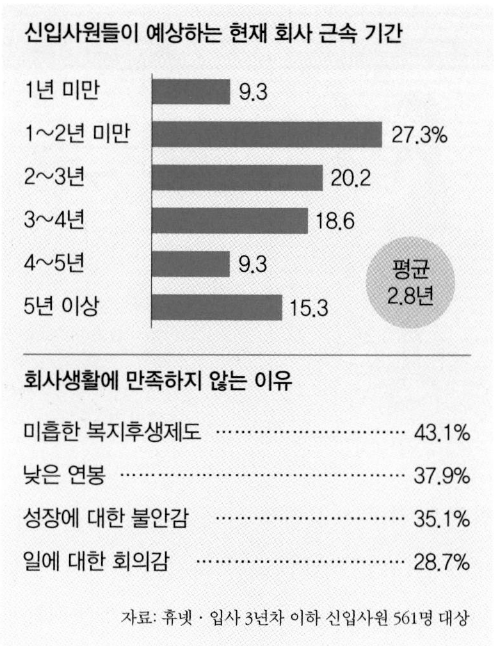

출처: 조선일보(2022. 8. 22.).

신입사원이 된 뒤 이직이 평균 2.8년에 발생합니다. 물론 이직도 필요하지만, 그만큼 보다 준비된 취업이 필요함을 시사할 수도 있습니다. 이는 여러분이 대학 졸업 당시 미래보다는 취업 자체에만 급급할 때 더 많이 발생할 것입니다.

대학교 입학부터 6년 동안 열심히 준비해 봅시다. 4년 만에 졸업과 동시에 취업하면 너무 좋지만 부족할 경우에는 좀 더 준비하여 6년의 기간을 가지고 보다 단단한 자신을 준비할 수 있기 바랍니다. 경력개발은 현재에 비추어 미래의 생존과 발전을 위한 계획을 수립하며 수행하는 단계적 역량 향상 노력이라고 할 수 있습니다.

여러분이 회사에 취업을 원하는 경력을 선택했다고 해 봅시다. 여러분이 20대라면 일단 이태백을 극복해야 합니다. 이태백이란 이십대 태반은 백수라는 취업의 어려움을 나타내는 것으로 사전에 정의되어 있습니다.

대학생이 되어서 이태백에 포함되지 않으려면 대학교 1학년 첫 학기부터 제대로 시작해야 합니다. 그리고 그 시작은 자신의 학습방법을 바꾸는 것에서 시작합니다. 왜냐하면 여러분을 지금 다니는 대학에 오게 한 것은 결국 여러분이 고등학교 때까지 활용한 학습방법의 결과일 수 있기 때문입니다. 따라서 학습방법의 변화를 통해서 대학 시절에 자신을 의미 있게 변화시킬 수 있도록 시도해야 합니다.

과거는 바꿀 수 없지만 미래는 바꿀 수 있습니다. 26세까지 첫 직장은 여러분이 6년 동안 어떻게 하느냐에 따라 달라집니다.

학습방법을 바꾸어 봅시다. 그런데 어떻게 해서 취업을 했다고 해도 삼팔선이 기다리고 있습니다. 32세 대리까지는 갈 수 있지만, 38세 과장을 통과하지 못하면 어쩔 수 없이 젊은 은퇴가 현실이 될 수도 있기 때문입니다.

38세에 이러한 현상을 겪지 않으려면 26세부터 32세까지 6년간 해당 분야의 전문가로서 준비해야 합니다. 그 1차 관문이 그 분야에서 대리라는 역량을 보여 주는 것이고 그 이후에 다시 6년간 전문성을 발전시켜야 그 회사에서 전문가로서 한 부서의 과장급 인재의 역량을 갖추게 될 것입니다. 이 역시 여러분의 학습방법에 달려 있습니다.

마찬가지로 사오정, 오륙도, 육이오라는 단어들을 검색해 보기 바랍니다. 여러분의 미래 인생의 모습과 관련하여 생각해 볼 사항들이 떠오를 수 있습니다.

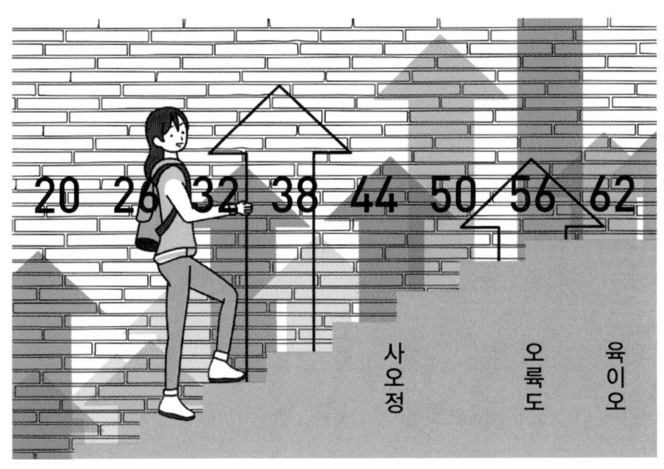

자, 이제 한번 생각해 봅시다.

취업 vs. 창업, 어떤 선택인가요? 나만의 사업체를 만들어 보고 싶은가요? 그 경우에 어떻게 '6의 법칙'을 적용할 것인가요? 졸업 당시에 어떤 모습이 되고 싶고, 26세에 시작할 것인가요?

많은 사람이 선호한다는 공무원과 같은 안정된 직업을 원하나요? 아니면 수익을

내야 하는 민간 기업에서 실력을 발휘해 보고 싶은가요? 이 또한 중요한 결정사항입니다. 여기서 중요한 결정을 해야 합니다. 내가 무엇을 해야 잘할 수 있을지라는 고민만을 할 것이 아니라 일단 선택해서 집중해 보라는 것입니다.

시행착오는 젊음의 특권입니다. 실수하는 것이 싫어서 몸을 사리면 의미 있는 발전, 즉 경력개발이 어려울 수 있습니다. 부딪히고 시도해 보기 바랍니다. 그렇게 하면 문 앞에서 어물거리는 사람보다 빨리 세상을 이해하게 되고, 자신의 경력개발을 위한 단초를 얻게 될 것입니다.

요즘 많은 젊은이가 아무것도 하지 않고 캥거루 세대의 모습을 보이기도 합니다. 숨어 산다는 표현도 있습니다. 그래서 무직이 된다면 과연 본인에게 정말로 도움이 되는 선택인가요? 게을러서 포기하는 그러한 모습보다는 차라리 그 시간에 봉사라도 하는 긍정적 태도로 세상을 헤쳐 나가기 바랍니다.

2) 비전

그럼, 경력개발의 시작은 무엇일까요?

가끔 자신의 인생의 목적에 대해 비전을 설정해 보기 바랍니다. 정답을 찾으려고 실수하지 않으려고 하지 말고 멋진 비전을 설정해 보기 바랍니다. 그것은 곧 자신의 꿈을 그려 가는 것입니다.

취업 vs. 창업
공무원 vs. 민간기업
무직 vs. 봉사

비전이란 무엇일까요?

비전이란 눈감으면 떠오르는 그대의 모습입니다.

내가 몇 살에 어떤 모습으로 살아갈 것인지 그 멋진 모습을 구체적으로 그려 보세요. 눈을 감고 자신의 모습을 떠올려 보세요. 그것이 나의 경력개발의 시작입니다.

Guide. 나의 비전을 떠올려 보세요. 연령대를 고려하여 '6의 법칙'에 따라 그려 보세요.

2. '12년 준비의 원칙'

1) 호모 헌드레드의 역설

경력개발의 과정에서 여러분이 꼭 고려해야 할 것이 인생의 변곡점에서 찾아오는 호모 헌드레드(Homo Hundred)의 역설입니다. 사람이 오래 산다는 것은 누구나 기대하는 것이지만 이제 100세를 넘어 생존하는 시대에 접어들기 시작하면서 철저한 노후 준비 없이는 비참한 노인기를 보내야 할지 모르기 때문입니다.

이는 철저히 지금부터 긴 안목으로 경력개발을 해야 하는 것을 시사합니다. 호모 헌드레드의 역설이란 결국 준비 없이 늘어나는 인간의 기대수명이 개인에게 오히려 비참할 수 있다는 역설을 의미합니다.

이때 중요한 것이 대학생 초기에, 즉 아직 젊었을 때 자신이 가지고 있는 강한 체력과 순발력으로 뭔가를 꾸준히 하는 자신의 노력입니다. 젊음은 여러분에게 시행착오라는 특권을 줍니다. 끊임없이 시도하며 자신의 삶을 위해 도전하는 모습은 아름답습니다.

젊었을 때부터 소위 귀차니즘에 빠져서 머뭇거리거나 손쉽고 편안하게 살 궁리만 한다면 그 당시에는 잘하는 것 같지만 결국 호모 헌드레드의 역설에 빠져서 후회되는 노인기를 맞을 수 있습니다.

인생의 비전을 구체화하면서 연도별로 달성해야 할 목표를 세우고 하나하나 실천하는 모습은 아름다운 것입니다. 이때 필요한 것이 '12년 준비의 원칙'입니다. 지금 20세라면 24세에 졸업과 동시에 취업할 수도 있고, 26세에 취업하기도 합니다. 특히 남학생들은 군복무로 인하여 26세에 취업하는 경우가 많습니다. 그런데 20세부터 첫 직장을 선택하고 준비할 때 24세, 26세를 먼저 보지 말고 32세를 보면서 12년을 준비하라는 의미입니다. 즉, 32세에 내가 어떠한 모습으로 인생을 살고 있을 것인지 12년 후의 모습을 머릿속에 그리면서 20세, 대학교 1학년생으로서 준비를 시작하는 것입니다. 그래야만 조급함에서 벗어나서 진정한 자기 인생을 계획하고 실천할 수 있습니다. 친구가 어느 직장에 간다고 하여 부질없는 비교의식에 빠지거나 하면 심한 상

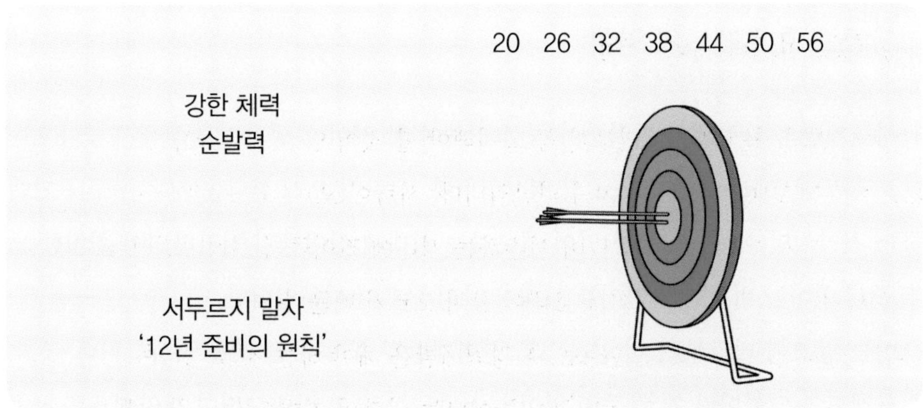

대적 박탈감에 더 조급해질 수 있습니다.

그 결과는 이런저런 생각으로 머릿속이 복잡해져서 자신의 현실을 냉정하게 바라보지 못하고 결국 집중해야 할 에너지를 분산시켜서 젊음만 낭비하는 결과를 초래할 것입니다. 요즘 졸업을 유예하며 진로를 준비하는 사례들이 많은데, 그것이 계획 속에서 이루어지는 것이라면 다소 늦은 감이 있더라도 철저한 자기 경력개발이란 측면에서 의미가 있을 수도 있습니다.

급할 필요 없습니다. 12년 후를 바라보며 지금부터 차분히 단계적으로 해 봅시다.

나의 경력개발!

나의 경력개발, 호모 헌드레드의 역설을 극복하기 위해서 가장 주목해야 하는 나이가 56세입니다. 56세까지 경력개발의 1기라고 본다면, 56세에 내가 무엇을 가지고 있을지에 대한 생각을 해야 합니다. 즉, 1기의 인생 목표를 설정하는 것입니다. 그때까지의 꿈을 구체화하여 비전으로 설정하는 것입니다.

20대 초기 젊음의 시기에는 강한 체력과 순발력이 역동적인 삶을 살 수 있게 하는 것인데 비하여, 56세부터 은퇴 이후를 노년기라고 본다면 인생에 대한 통찰력, 다양한 경험을 바탕으로 아름다운 여유를 즐길 수 있어야 합니다. 따라서 1기에 설정한 비전과 노력의 결과를 즐기면서 2기의 인생을 다시 시작해야 합니다.

이전까지는 56세의 은퇴를 고려하여 인생 계획을 수립해 왔지만 이제는 100세를 바라보는 비전을 다시 수립해야 하는 것이 필수불가결한 시대가 되었습니다. 대학교 1학년 때부터 외쳐 봅시다.

"나는 2개의 비전을 가진다.
56세까지의 비전, 그리고 100세 전후의 비전!"

56세를 돌아볼 때 그 이후를 살아갈 자산을 충분히 확보하고 있어야 하는데, 그것

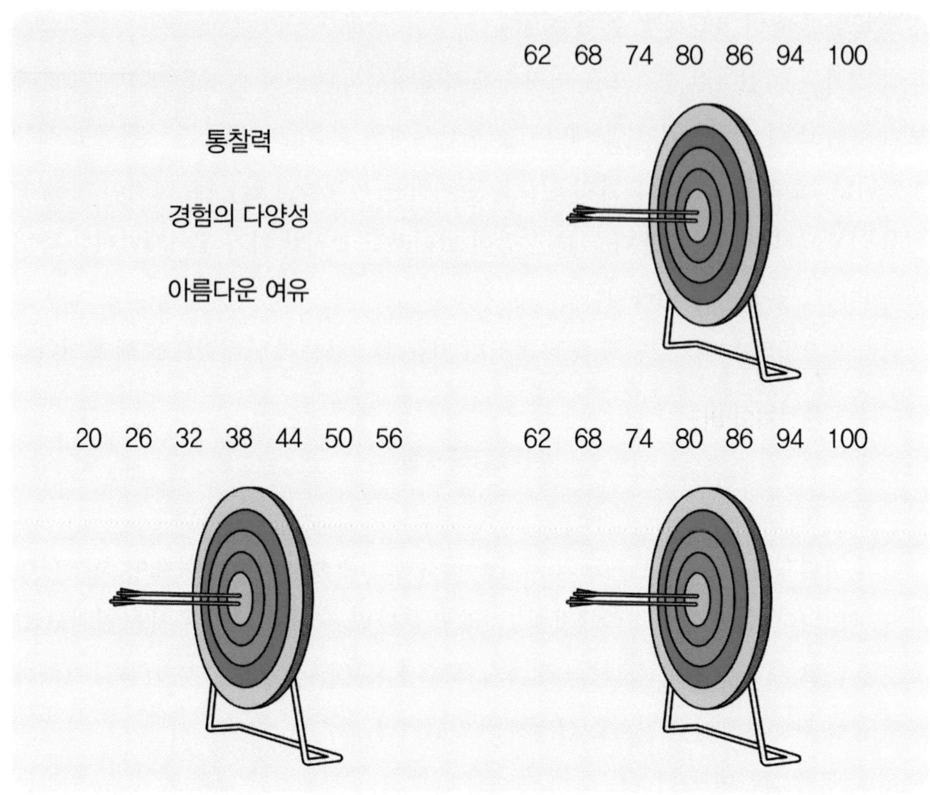

을 노후자산이라고 할 수 있습니다. 만약 56세가 되어도 충분한 준비가 되어 있지 않다면 경력개발 2기의 56세 이후의 삶에서 아름다운 노년기를 보내는 것이 아니라 하루하루 생계를 걱정하는 모습이 될 수 있습니다. 즉, 호모 헌드레드의 역설에 빠져 힘든 인생으로 마무리될 수 있습니다.

20 26 32 38 44 50 56 62 68 74 80 86 94 100

호모 헌드레드의 역설

Guide. 56세까지의 비전과 100세 전후의 비전을 비교하여 그려 보세요

______

______

______

______

______

______

2) 노후자산

젊음의 자산이 젊음과 패기, 도전성 등이라면, 노후에는 상대적으로 안정된 자산이 필요합니다. 노후자산의 의미가 논자마다 다르겠지만, 저자는 크게 네 가지를 강조합니다. 건강, 자금, 사람, 전문성.

첫째, 건강이란 아무리 강조해도 지나치지 않습니다. 자신의 신체적 · 정신적 건강은 삶 그 자체이며, 인생의 원동력입니다. 힘 있는 건강을 유지하기 위한 노력을 계속해야 합니다. 특히 56세 이후에 노화가 진행되면서 건강이 약한 사람들은 삶 자체에 대한 회의가 증가할 수 있습니다.

둘째, 자금은 56세까지 반드시 일정 수준 이상 준비해야 합니다. 흔히 노후자금이라고 하는데, 20세인 대학생 여러분이 너무 먼 앞날의 이야기라고 할 것이 아니라 지금부터 자신만의 방법으로 금융투자를 해 나가야 합니다.

셋째, 나이가 들면 외로워진다고 합니다. 젊었을 때는 모르지만 56세 이후가 되면 특히 인간관계가 필요합니다. 행복한 노후는 결국 함께 즐길 수 있는 동료를 필요로 하기 때문입니다. 노후에 누군가 불러 주는 **사람**이 있다는 것은 행복하다는 것을 의미합니다.

넷째, **전문성**입니다. 56세 이후에는 100세까지 생계를 지탱해 줄 나만의 전문성을 더욱 확실히 해야 합니다. 그래야 여유 있는 노년기를 보낼 수 있습니다. 56세까지 자신의 전문성이 탄탄해지면, 56세 이후에 그것을 토대로 해서 보다 가치 있는 삶을 살 수 있습니다.

대학생활을 시작하면서, 비전을 그리면서 자신만의 노후자산을 하나씩 준비하려면 보다 분명한 경력개발 계획을 수립해야 합니다. 따라서 앞에서 말한 '12년 준비의 원칙'을 가지고 6년마다 자신의 발전을 점검하면서 진행합니다.

이때 직업이라는 것을 가지게 되는데 결정 요인은 크게 두 가지입니다. 하나의 직업의 가치성이고, 또 다른 하나는 직업의 경제성입니다. 누군가 돈만 많이 버는 것을 목적으로 하는 사람도 있고 뭔가 가치 있는 일을 해 보고 싶은 사람도 있습니다.

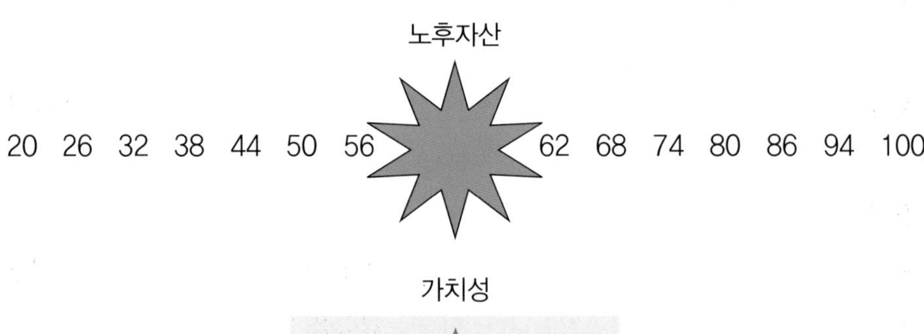

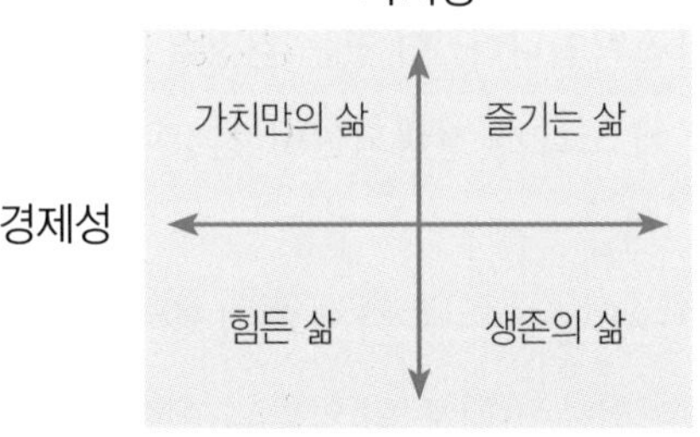

가장 조심스럽고 우려하는 것은 경제성도 없고, 가치도 없는 직업에 그저 연연하며 사는 모습은 지양해야 한다는 것입니다. 여러분의 큰 꿈이 살아 있도록 하는 직업에 대한 계획을 수립해야 한다는 의미입니다. 이 역시 자신의 비전을 반영하여 수행해야 합니다.

56세까지 노후자산을 어느 정도 준비했는가가 그 이후의 삶에 영향을 줍니다. 다음 그림은 56세까지는 노후자산이 높아졌는데, 그 이후에는 점점 하락하는 상황의 예시입니다. 아마도 56세 이후에는 은퇴하여 생산적인 활동을 하지 않았을 것 같습니다. 그래도 이 경우는 다행입니다. 왜냐하면 젊은 시절에 열심히 하여 자신의 56세 이후를 대비할 노후자산을 확보했으니까요.

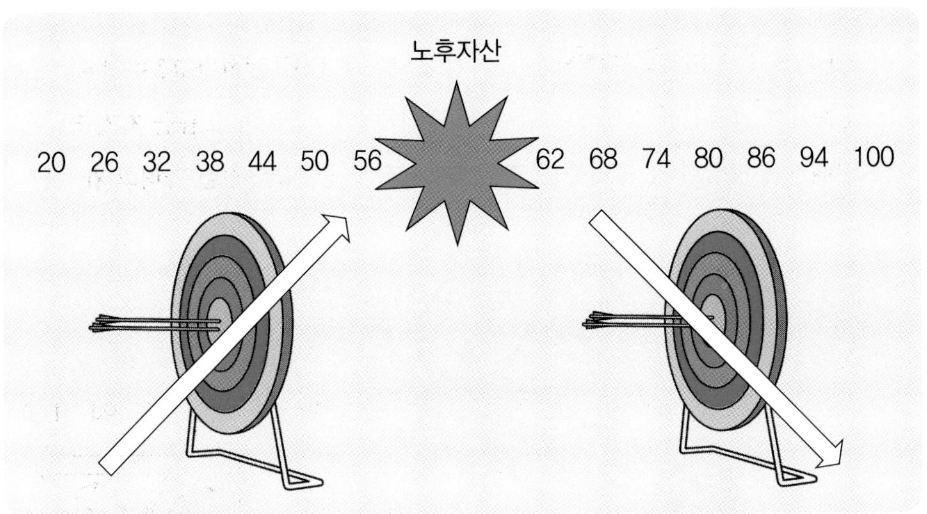

그러나 다음 그림은 그 반대입니다. 56세까지 노후자산을 충분히 확보하지 못한 상황입니다. 이 경우에는 56세 이후의 자신의 삶을 향상하기 위해 아마도 젊은 시절보다 더욱 열심히 생산 활동을 해야 할 것 같습니다. 이 그림에서는 56세 이후에도 자산이 늘어나고 있지만 그 일이 반드시 쉬운 것은 아닙니다. 다음 그림과 같은 성공이 자신에게도 다가올 것이라는 것을 기대해서는 안 됩니다.

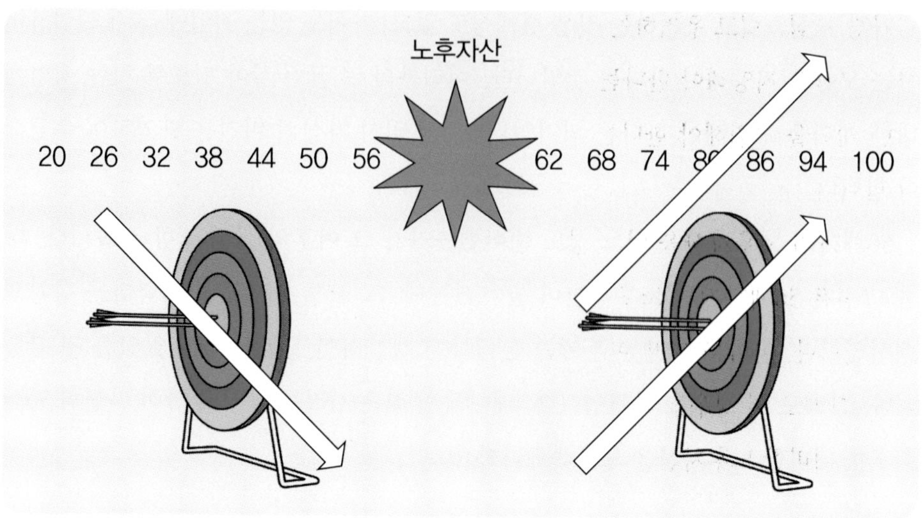

여러분은 노후에 편히 은퇴생활을 즐기지 못하는 모습을 원하나요? 이제 여러분은 스스로 자신의 인생길을 선택해야 합니다. 경력개발은 그러한 흐름을 자기주도적으로 수행해 가는 것입니다. 여러분은 그림에서 A, B, C 중 어느 길을 가려고 합니까?

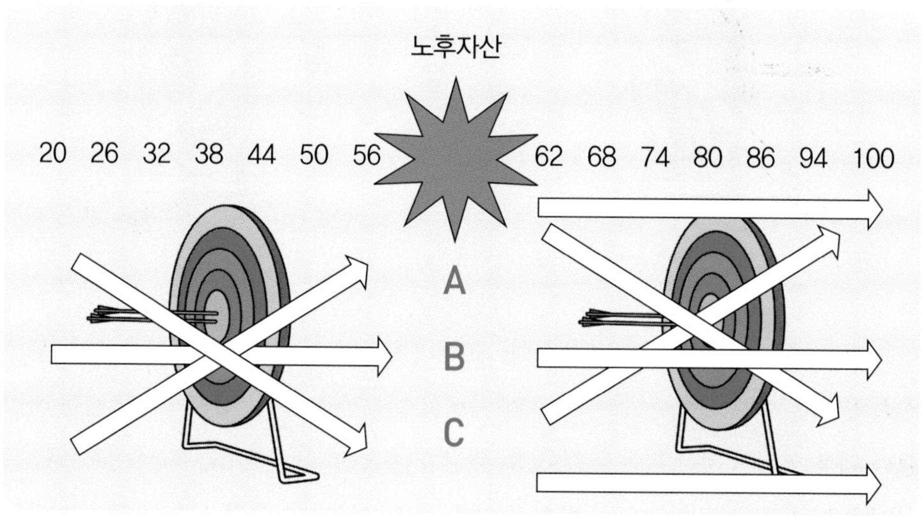

대학생으로서 20세 초반에 체력과 순발력이 넘쳐날 때 하나씩 준비해 나가기 바랍니다. 멋진 인생은 어떠한 노후를 말하는 것일까요? 56세까지 노후자산을 제대로 준비하지 못하고 56세 이후에도 허덕이는 모습을 원하나요? 여러분은 달라질 것입니다. 지금부터 시작하기 바랍니다.

Act right now, here!

미루는 자는 곧 패배자입니다. 당장 지금 여기서 시작하기 바랍니다.

Clean up!	품위 있게 주변을 정돈하고 (깔끔하게)
Dress up!	품위 있게 옷을 입고 (단정하게)
Shut up!	품위 있게 말하고 (가능한 한 자제하며)
Show up!	품위 있게 나타나고 (사람들과 관계에서 기분좋게 나타나며)
Cheer up!	품위 있게 사교하며 (만나면 즐겁게)
Pay up!	품위 있게 지불하며 (먼저 지갑을 열자)
Give up!	품위 있게 포기하자! (먼저 주고 떠나자)

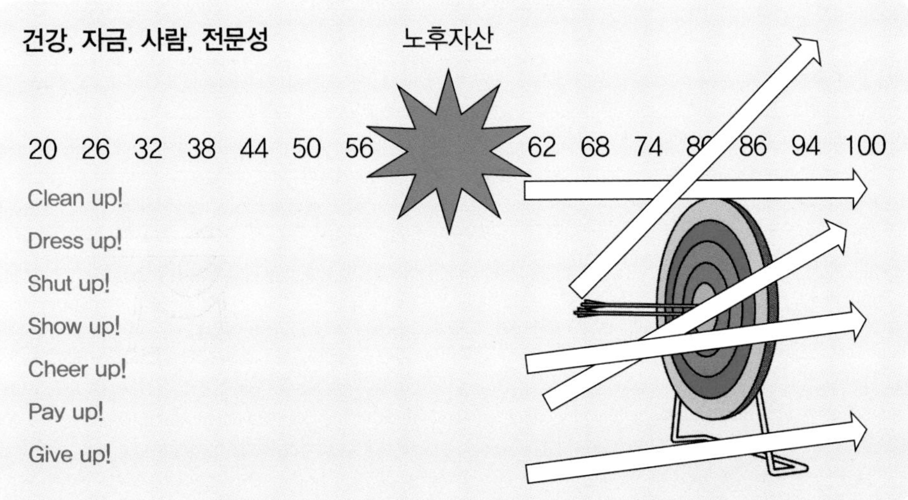

멋있는 노후의 삶을 즐기는 분들에게 앞과 같은 말들이 언급되고는 합니다. 저자의 의견을 담아 품위 있는 노후생활이라고 생각하며 정리해 보았습니다. 여러분은 여러분 나름대로의 노후생활 팁을 추가하여 56세 이후에 자산이 아래로 내려가지 않도록 최소한 수평선을 유지하거나 아니면 점점 늘어가는 삶을 살 수 있도록 준비하기 바랍니다.

Guide. 노후자산 준비를 위한 자신의 계획을 적어 보세요.

Guide. 경력개발을 수행하는 데 있어서 자신의 직업의 가치성과 경제성에 대해 의견을 적어 보세요.

3. 미래 인재의 모습

『대학공부 성공하기 A+』에서는 미래 인재의 모습으로 문제인식(problem sensing) 인재를 제시합니다. 미래의 4차 산업혁명 시대를 선도할 자신의 모습을 설정함에 있어서 문제인식, 즉 Problem Sensing이 무엇인지 구체적으로 이해하도록 노력하면 좋을 것입니다. 이러한 문제인식 인재는 다음과 같은 특징을 가집니다.

- 자신만의 이론적 관점을 가진 전문성
- 문제 앞에서 걱정하지 않는 자신감과 여유
- 따라하는데 급하기보다 독창적인 프랙티스 창출에 몰두함
- 효율성의 극대화를 위한 시스템적 사고
- 문제해결을 넘어 문제를 창출하는 감각
- 자기주도적 시간과 업무 관리를 통한 삶과 업무, 그리고 학습의 통합자
- 스스로 동기유발을 하는 자기동기 관리자

즉, 프라임 아이디어를 중심으로 자신만의 이론적 체계를 가지고 전문적으로 일하는 과정에서 현장의 문제를 파악하고 해결, 예방, 창조하는 역량을 갖춘 인재입니다. 나아가 자신만의 독창성 있는 실행방법을 구안해 낼 수 있고, 효율적으로 업무를 수행하기 위해 시스템적 사고를 합니다.

결국 문제인식 인재는 단순히 문제해결을 넘어 문제를 창출(creation)하는 감각을 가지고 자기주도적으로 삶과 업무와 학습을 통합하며 스스로 동기유발을 하는 전문가라고 할 수 있습니다.

Guide. 내가 가지고 있는 문제인식 인재의 특징을 적어 보세요.

4. 나의 학습방법

1) 나는 어떻게 학습하고 있는가

- 이거 시험에 나오나요?
- 중요한 것에 밑줄을 쳐 주세요.
- 문제를 풀며 정답과 설명을 적는다.
- 1타 강사의 쉬운 강의가 최고이다.
- 나 혼자 하는 게 속 편하다.
- 시험 전에 벼락치기로 몰아친다.
- 의미는 모르겠지만 일단 암기하자.
- 내가 하는 방법을 고수한다.
- 이유를 따지지 말자. 머리 아프다.
- 질문하는 것이 어색하다.
- 발표하려는데 시선이 두렵다.

이 내용은 제1장에서 살펴본 공부방법입니다. 혹시 여러분은 이 방법이 편해서 다른 방법을 시도하지 않고 있는지요? 저자는 여러분에게 대학생으로서 다음과 같은 시도를 끊임없이 해 달라고 강조하고 싶습니다.

SRCDPPR

S: Searching

R: Reading

C: Connecting

D: Discussing

P: Practicing

P: Presenting

R: Reflecting

- Searching(탐색하기): 대학생으로서 자신이 필요로 하는 정보를 찾는 활동을 끊임없이 해야 한다는 의미입니다. 누군가 1타 강사가 잘 정리해서 주는 정보만 받아먹는 수동적인 모습을 극복하고 자신이 스스로 정보를 찾아서 정리할 수 있어야 합니다.
- Reading(읽기): 정보를 찾았으면 그것을 읽어서 자기 것으로 만들어야 합니다. 이때 필요한 것이 비문학 독해력입니다. 또한 대학교재를 스스로 읽어서 핵심을 파악하는 것이 중요합니다. 이를 위해 속독하지 말고 꼼꼼히 읽는 정독을 먼저 시도하기 바랍니다. 그 이후에 정독이 습관화되면 속독은 자연스럽게 발생합니다.
- Connecting(연결하기): 수업 현장에서 핵심을 파악하며 1차 노트를 작성하면서 지식과 지식을 연결하려는 노력을 하는 것이 중요합니다. 그리고 수업 이후에는 2차 노트를 작성하며 지식체계를 만들어 가면 자연스럽게 자기만의 지식이 구성됩니다.
- Discussing(토의하기): 혼자서 모든 것을 완벽하게 이해하기는 어렵습니다. 동료 학생들과 터놓고 관점을 교류하는 것이 중요한데, 이때 틀릴까봐 두려워하지 말고 먼저 입을 열어 말하는 노력을 합시다. 그 과정에서 미처 생각하지 못한 동료들의 아이디어를 만나게 될 것입니다.
- Practicing(실천하기): 머릿속에 새로운 지식을 형성하거나 배운 것을 활용하고자 실제로 끊임없이 반복하며 수행해야 합니다. 새로운 단어를 암기하는 연습도 필

요하고 해결책을 생각하여 실제로 해 보는 것도 필요합니다. 나의 학습 경험을 좀 더 깊게 해 줄 자신만의 행동을 찾아 실제로 해 봅시다.

- Presenting(발표하기): 자신이 알고 있는 것을 비공식적혹은 공식적으로 타인에게 전달하는 것을 두려워할 필요가 없습니다. 내가 알고 있는 것을 다른 사람 앞에서 발표해 봄으로써 나는 더 발전하게 됩니다. 수업 시간에는 수많은 발표의 기회가 있습니다. 교수님이 시켜서가 아니라 스스로 손을 들고 자신의 견해를 발표하기 바랍니다. 그 과정에서 나의 지식이 좀 더 정리되는 것을 경험할 것입니다.
- Reflecting(성찰하기): 학습활동을 전개하면서 수시로 돌아보기 바랍니다. 성찰노트라는 것을 작성하는 것은 대표적인 Reflecting입니다. 내가 왜 수업 시간에 입을 다물었는가, 내가 그 내용을 이해할 때 착각한 게 무엇인가 등등을 돌아보면서 개선점을 적어 보세요. 그러한 노트를 3차 노트라고 합니다.

이제 이 용어들이 여러분에게 어떤 학습을 기대하는 것인지 한번 생각해 보기 바랍니다.

Guide. 나는 대학생으로서 SRCDPPR을 어떻게 하고 있는지 적어 보세요.

2) 나의 학습모델: WPBL

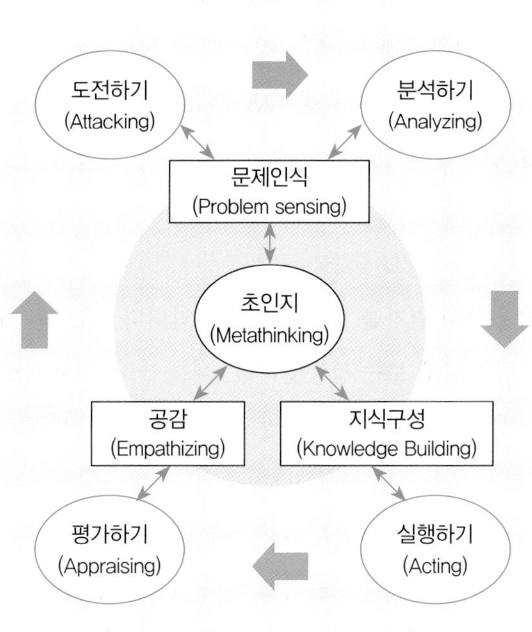

제1장에서 학습한 내용입니다. 하나씩 살펴봅시다.

• Attacking: 도전하기(삶의 현장에서 생존을 위해 도전하는 행동)

나는 나의 삶을 헤쳐 나가는 도전의식을 가지고 학습하고 있는지요? 아니면 하기 싫은 것을 투덜거리며 질질 끌면서 공부를 하는지요? 자기 학습에서 능동적인 모습을 가지려고 해 봅시다. 능동적인 학습을 시도하면서 자신의 주변에 있는 문제들을 자신이 알고 있는 지식으로 파악하려고 노력하는 도전을 해 봅시다. 그러면 자연스럽게 내가 공부해야 하는 사항들이 떠오르기도 합니다.

• Analyzing: 분석하기(문제에 대한 원인을 파악하는 행동)

문제를 파악하면 그것을 해결해야 합니다. 그냥 닥치는 대로 뭔가 잘되겠지라는 생각으로 방치하거나 포기하면 나의 경력개발은 희망이 없게 됩니다. 문제의 원인을 파악하는 과정에서 내가 가지고 있는 지식을 활용하여 해결안을 시도하다 보면 나의 지금의 지식의 한계를 인지하게 됩니다. 이러한 경험이 중요합니다. 한계를 인지하면 자연스럽게 학습해야 할 학습이슈들이 도출될 수 있습니다. 학습이슈란 내가 공부해야 할 사항들입니다.

- Acting: 실행하기(문제에 대한 해결책을 계획하거나 해결해 나가는 행동)

자신의 지식을 활용하여 뭔가를 시도하는 단계입니다. 새로운 이론을 만들거나 해결책을 만들어 실제로 개발해 보는 활동입니다. 예를 들어, 프로젝트 학습이라고 할 때 실제 프로젝트를 수행하면서 뭔가 결과를 얻고자 하는 것도 '실행하기'에 해당합니다.

- Appraising: 평가하기(실행하는 과정이나 결과를 평가하는 행동)

나의 학습성과를 스스로 판단해 보는 것입니다. 기대하는 만큼 달성했는지, 아쉬운 것은 무엇인지 스스로 냉정하게 돌아보는 것이 중요합니다. 이때 가장 중요한 것은 본인이 설정했던 학습 목표를 상기하는 것입니다. 학습 목표에 비추어 볼 때 학습 목표 설정 자체가 무리한 것이었는지, 아니면 학습 과정에서 문제가 있었는지 등도 냉정하게 돌아보는 것이 중요합니다. 그래야 제대로 된 개선안이 도출될 수 있습니다.

Guide. 자신의 학습 과정에서 도전하기–분석하기–실행하기–평가하기의 단계를 어떻게 도입할 것인지 의견을 적어 보세요.

3장

현장에서 이해하라: 1차 노트 잘하기

학습 목표

1. 현장 이해의 중요성을 설명할 수 있다.
2. 1차 노트 작성방법을 설명할 수 있다.
3. 행동주의 학습에 대해 설명할 수 있다.

학습 목차

1. 현장학습의 중요성
2. 1차 노트 작성방법
3. 나의 학습방법

개요

중 · 고등학교 수업에서도 열심히 노트필기를 했을 것입니다. 왜냐하면 선생님이 중요한 내용을 말씀하시므로 하나라도 놓치면 안 된다는 생각을 하기 때문입니다. 중요하다는 것은 결국 시험에 나온다는 가정과 관련이 있을 것입니다. 그런데 여러분이 수업 시간에 열심히 노트필기를 하면서 무슨 생각을 했나요? 혹시 선생님의 설명은 듣지 않고 눈은 노트만 보며 손으로 열심히 적기만 하지 않았나요? 나중에 집에 가서 열심히 복습하려고 했겠지요? 그러나 얼마나 복습을 제대로 했나요? 복습할 시간은 충분했나요?

1차 노트는 수업 시간에 그 자리에서 이해하며 적는 노트입니다. 그리고 1차 노트에는 교수님과 학생들과의 상호작용 속에서 파악되는 핵심 사항만 적을 것을 강조합니다. 노트필기 따로, 집에서 하는 공부 따로가 아니라 수업 시간에 그 자리에서 이해하며 노트필기를 하는 것입니다.

Guide. 노트필기를 왜 해야 하는지 적어 보세요.

1. 현장학습의 중요성

노트필기를 해야 하나요?

1) 현장에서 이해하라

- 이거 시험에 나오나요?
- 중요한 것에 밑줄을 쳐 주세요.
- 문제를 풀며 정답과 설명을 적는다.
- 1타 강사의 쉬운 강의가 최고이다.
- 나 혼자 하는 게 속 편하다.
- 시험 전에 벼락치기로 몰아친다.
- 의미는 모르겠지만 일단 암기하자.
- 내가 하는 방법을 고수한다.
- 이유를 따지지 말자. 머리 아프다.
- 질문하는 것이 어색하다.
- 발표하려는데 시선이 두렵다.

벌써 세 번째 반복되고 있습니다. 제1장에서 처음 생각해 보았고, 제2장에서 다시 한 번, 그리고 지금 제3장에서 여러분의 학습방법이 혹시 이와 같은 방법이라면 그것은 아니라는 의미에서 반복하고 있습니다.

- 이거 시험에 나오나요?
- 중요한 것에 밑줄을 쳐 주세요.
- 문제를 풀며 정답과 설명을 적는다.
- 1타 강사의 쉬운 강의가 최고이다.
- 나 혼자 하는 게 속 편하다.
- 시험 전에 벼락치기로 몰아친다.
- 의미는 모르겠지만 일단 암기하자.
- 내가 하는 방법을 고수한다.
- 이유를 따지지 말자, 머리 아프다.
- 질문하는 것이 어색하다.
- 발표하려는데 시선이 두렵다.

이제 과감하게 ×표를 하고 머릿속에서 지우기 바랍니다. 지난날 잘못된 학습방법을 버려야 새로운 학습방법이 자리를 잡을 수 있습니다. 그리고 그 시작은 현장에서 이해하려고 노력하는 것입니다. 다음의 그림을 잘 보세요.

선생님이 칠판에 뭔가를 적으려고 하는데 첫 줄에 앉아 있는 학생들은 서로 자기들 얘기만 하고 있지요? 두 번째 줄에 앉아 있는 학생들은 뭘 하고 있을까요? 열심히 노트필기를 하고 있을까요? 여기서 농담을 하나 생각해 볼 수 있습니다.

適者生存

적자생존은 진화의 세계에서 환경에 적응하는 개체만 살아 남는다는 의미일 것입니다. 그런데 여러분이 열심히 적기만 하는, 그래야 살아 남는다고 생각하면 그야말로 '적어야 산다'라는 우스운 의미의 '적자생존'이 됩니다. 대학생이 되어서도 수업 시간에 그냥 적기만 한다면 과연 그것이 바람직한 학습일까요?

"어, 적는 게 뭐가 잘못이지요? 안 적는 것보다 좋은 것이 아닌가요?"라는 질문을 할 것입니다. 그러나 이제 생각을 바꾸어 보기 바랍니다. 수업 시간은 단순히 열심히 적는 시간이 아니라 수업 내용을 자신이 이해해야 하는 현장이라는 점을 꼭 생각해야 합니다.

현장에서 이해하라!

그렇지 않다면 열심히 받아 적기만 할 것입니다. 교수님 눈도 쳐다보지 않고 노트만 바라보면서 교수님 설명이 들리는 대로 적기만 합니다. 그런 상황이 자신의 모습이라면 왜 내가 적고 있는지 생각해 보기 바랍니다. 다음의 글을 읽어 보세요.

> "잠깐만요, 일단 저는 상사의 지시를 노트필기를 한 후
> 집에 가서 공부한 후에 이 업무를 할게요."

수업 시간에 적기만 하면 차후에 직장에 가서도 위와 같이 말하려는 것인가요? 아마도 직장에서 곧 퇴출될지도 모릅니다. 수업에 대한 생각을 바꿔야 합니다. 수업은

내가 참여하고 있는 지식의 전쟁터라고 생각해 보기 바랍니다.

수업이란 교수님, 동료 학생들과 지식을 가지고 씨름하는 곳입니다. 전쟁터라는 표현은 너무 과할 수 있지만 그만큼 수업의 매 순간에 집중해야 합니다. 지식을 내 것으로 만들지 못하면 결국 나중에 집에 가서 또 시간을 사용해야 합니다. 왜 그런 비효율적인 행동을 해야 할까요? 이제는 더 이상 아니라고 생각해 주기 바랍니다.

수업에 대한 생각을 바꾸자!
동료와 함께 지식을 만들어 가는 곳!
교수님의 지식을 내 것으로 만들어 가는 곳!

여러분의 수업 현장은 살아 있어야 합니다. 그냥 노트필기만 하는 자신은 살아 있는 수업 현장에 동참하지 못하고 있는 것입니다. 스스로 한 발 뒤로 물러서서 수업 내용을 복사하는 복사기의 역할을 하고 있는 것입니다. 왜요? 나중에 그것을 공부해서 시험에서 좋은 성적을 올리려고 하는 것이 아닌가요? 그러나 그러한 공부는 진정한 공부가 되지 않습니다. 단지 지식의 부스러기를 암기하고 시험 때 토해 내는 식의 단순 암기식 공부가 되기 쉽습니다. 다음의 그림을 보기 바랍니다. 교사와 학생이 서로 바라보며 살아 있는 대화를 하고 있지요? 그것이 일단 중요합니다.

그리고 서로 수업 내용을 가지고 활발하게 소통하면서 중간중간에 적어 나가는 것이 노트필기의 진정한 의미입니다. 현장에서 이해하며 그 핵심을 틈틈이 적어 나가는 것, 그것을 1차 노트라고 합니다. 1차 노트는 교수님이 가르치는 것을 모두 적기만 하는 그러한 방식의 노트필기를 강력하게 멀리하라고 말하고 있습니다. 또 다음 그림을 보기 바랍니다.

고양이들이 수업에 참여하고 있네요. 선생님 고양이가 나무 막대로 동그라미 안의 내용을 설명하고 있겠지요? 비록 왼쪽 고양이가 잠시 눈을 감고 있지만 다른 모든 고양이는 선생님 고양이가 가리키는 막대기 끝에 있는 동그라미 안을 주시하고 있습니다. 즉, 선생님의 말씀을 들으면서 자신이 알아야 할 내용에 몰두하고 있는 것입니다. 그러다가 필요하면 1차 노트 하겠지요? 마치 서서 노트필기를 하고 있는 고양이처럼?

서서 노트필기를 하고 있는 고양이가 자신의 노트만 보고 있나요? 아니죠? 선생님 고양이가 가리키는 막대기 끝에 있는 동그라미 안을 주시하면서 노트필기를 하고 있습니다. 이 고양이는 수업 내용 복사기가 아닌 것이지요.

수업에 대한 생각을 바꿔야 합니다. 수업에서는 가능한 활발한 것이 좋습니다. 다음 그림은 뭔가 자기 학습에 몰두하고 있는 다양한 학습활동을 표시하고 있습니다.

가끔 누어서 노는 학생도 있는 것 같지만 대부분은 자기만의 활동을 하고 있습니다. 여러분은 지금 대학에서 어떤 학습활동을 하고 있나요? 열심히 학습하는 것이 아니라 그저 노트필기만 하는 복사기의 모습을 하고 있다면 이제 그만 하는 것이 좋을 것 같습니다.

또한 어떤 학생들은 수업 시간을 자신이 알고 있는 것을 자랑하는 시간으로 알고 있기도 합니다. 고등학교 때까지 소위 학원에서 선행학습을 많이 한 학생들일수록 학교 수업을 우습게 보기도 하며, 자신이 아는 것에 대하여 지나친 자신감을 가지기도 합니다. 그러나 그 자신감 때문에 오히려 해당 수업 시간에는 소홀히 하며 낭비할 수도 있다는 것을 자각할 필요가 있습니다. 수업은 학습을 하는 현장이지, 사전에 학습한 것을 자랑하는 곳이 아니기 때문입니다.

수업에 대한 생각을 바꾸자.

선행학습은 예습이 아니다.

예습은 질문거리를 찾기 위해 한다.

미래 인재로 발전하기 위한 대학생으로서 여러분은 이제부터 수업에 대한 생각을 바꾸어 주기 바랍니다. 단지 먼저 공부한다는 의미의 선행학습 차원이라면 차라리 예습을 안 하는 것이 좋습니다. 선행학습은 오히려 여러분의 현장 이해력을 하락시킬 우려가 있습니다. 왜냐하면 미래 인재는 현장 업무를 하면서 그 자리에서 이해를 할 수 있는 인재를 의미하기 때문입니다. 예습을 하는 것은 미리 모든 것을 공부하기 위한 것이 아니라 질문거리를 찾기 위한 것으로 생각하기 바랍니다.

수업은 학습을 하는 현장이지,
학습한 것을
자랑하는 곳이 아니다.

이제 1차 노트의 의미가 분명해질 것입니다. 1차 노트는 수업 현장에서의 자신의 학습활동의 결과물입니다. 즉, 학습활동의 핵심적인 사항들을 적어 가는 곳입니다.

1차 노트의 의미는
학습활동에서 생각에 몰두하며
자기만의 지식을 만들어 가는 흔적의 과정이다.

이는 자기만의 지식을 만들어 가는 흔적의 과정이라고 할 수 있습니다. 여러분이 지금 작성하고 있는 노트들을 한번 살펴보기 바랍니다. 수업 내용을 복사해 놓은 것인지, 아니면 나만의 지적 흔적을 놓치지 않고 적은 것인지……. 그에 따라 여러분의 미래가 달라질 것입니다.

Guide. 자신의 1차 노트 작성의 필요성에 대해 의견을 적어 보세요.

2. 1차 노트 작성방법

1) 1차 노트 작성방법

- 자유롭게 하자
- 모르면 적자
- 궁금증을 적자
- 핵심을 적자
- 맥락을 살리자
- 공간을 충분히 두자
- 하이라이트 하자
- 사실과 의견을 구분하자

1차 노트 작성은 기본적으로 자유롭게 한다는 것이 원칙입니다. 1차 노트는 자신의 학습 과정의 흔적을 남기는 것인데, 어떠한 틀에 맞추려고 할 필요 없습니다. 하얀 백지 위에 자신이 파악한 핵심 사항이나 궁금증을 여기저기 적어 나갑니다. 그 과정에서 나의 머릿속에 떠오르는 것을 잡아내어 종이 위에 펼치면서 뭔가 서로 간에 관계성이 있을 것이라는 생각을 하게 됩니다. 1차 노트에는 핵심 사항만을 적는 것이 아닙니다.

모르는 것들도 떠오르는 대로 적습니다. 궁금한 사항이든, 다른 이견이든 자신의 머릿속에서 떠오르는 뭔가를 잡아내는 것이 중요합니다. 혹시 모르는 것을 어떻게 적는가라고 물을 수 있는데, 난생 처음 보는 개념을 내가 설명하지 못하면 모르는 것입니다. 또 알 것 같은데 추가적으로 더 알고 싶은 것들은 바로 궁금한 사항입니다.

1차 노트를 작성할 때 가장 중요한 것은 맥락을 살리는 것입니다. '아, 이 내용을 설명할 때 교수님이 이런 사례를 들었지' 하면서 수업 내용이 왜 제시되었는지에 대한 맥락을 포함하는 것입니다. 맥락은 나중에 1차 노트를 다시 볼 때 적어 놓았던 것을 정확히 상기시키는 데 도움을 줍니다. 그리고 맥락은 그 수업 내용이 다른 지식들과 어떠한 관계에 있는지를 파악하는 데에도 도움을 줍니다.

또한 1차 노트는 빽빽이 적으려고 할 필요가 없습니다. 공간을 넓게 사용하여 내용과 내용 간을 확보합니다. 나중에 이들 내용을 함께 묶을 수도 있고, 새로운 내용을 그 사이에 추가할 수도 있도록 여백을 살리는 것입니다.

경우에 따라서는 글로 쓴 내용 간에 선 혹은 도형으로 함께 묶어서 관계를 표현할 수도 있습니다. 이때 본인이 그려 표시한 도식이 바로 내가 생각하는 지식 간의 관계이기 때문입니다.

거기에 중요하다는 것에 대해서는 하이라이트를 할 수도 있습니다. 밑줄을 긋거나 색상을 부여하여 서로 구분이 쉽도록 하는 기술을 활용할 수도 있습니다.

마지막으로, 1차 노트를 작성할 때 지금 내가 적고 있는 내용이 사실, 즉 Fact인지 아니면 자신이나 다른 사람들의 의견인지를 구분하려는 노력도 필요합니다.

Guide. 자신의 1차 노트 작성방법을 적어 보세요.

____

____

____

____

---

2) 1차 노트 작성 사례

다음의 사례가 완벽한 것은 아니지만 나름 학생의 지적 흔적을 나타내고 있습니다.

• 김승연의 노트 •

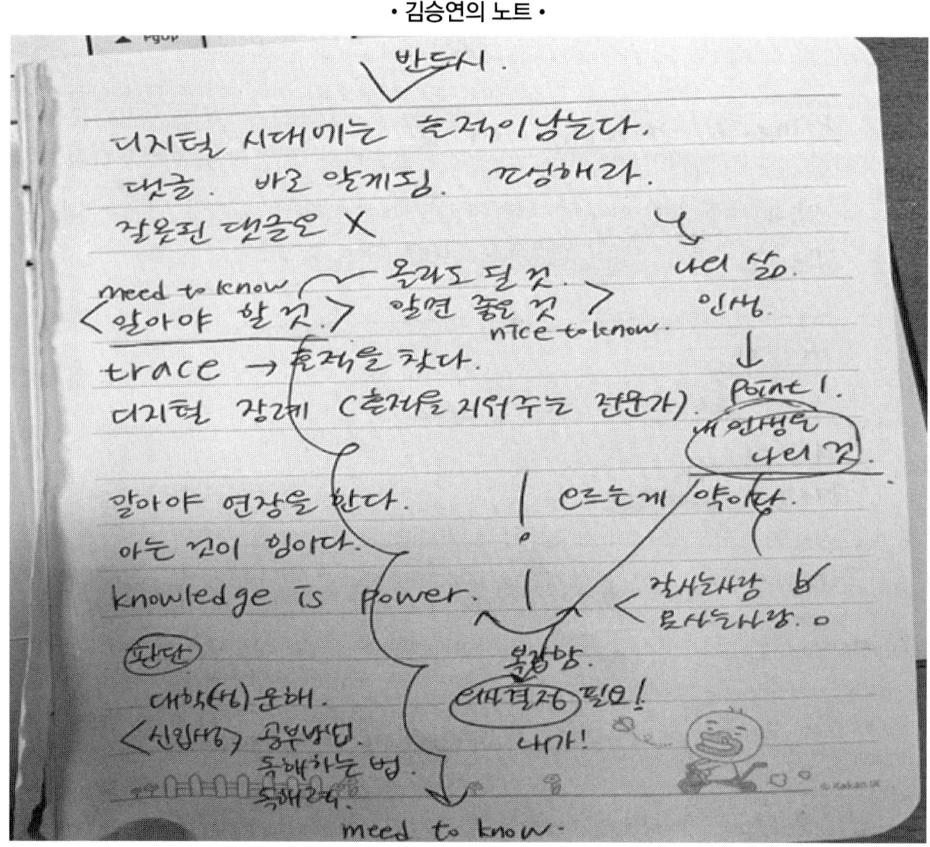

출처: 송상호(2023). p. 173.

앞의 사례에서 핵심 내용을 자유롭게 적으면서 관련된 내용들을 가까이에 배치하고 있습니다. 또한 적절한 공간 배치로 여백을 확보하여 가독성을 높였으며, 내용과 내용 간을 선으로 이어서 관계를 표시하고 있습니다.

다음은 1차 노트를 작성해 본 학생의 경험담입니다.

교수님이 말씀하셨다. “1차 노트는 핵심 포인트를 잡아내는 능력을 키울 수 있는 기회이다.” “1차 노트를 보면 그 학생이 포인트를 잘 잡아내고 있는지 알아낼 수 있다.”

수업에서는 많은 양의 주제가 발생한다. 그 주제 안에는 세부적인 내용이 있다. 학생들은 그 속에서 핵심을 잡아내야만 한다.

처음에는 어려울지 몰라도 반복하다 보면 그것이 피가 되고 살이 될 것이다.

수업의 맥락을 잘 읽어 낸 다음에 핵심 내용을 쏙 잡아내서 글로 옮겨 쓴다. 그리고 나중에 2차 노트를 작성할 때면 수업의 맥락이 떠올려질 수 있도록 하는 것이다.

1차 노트는 수업의 마지막과 함께 끝나는 것이 아니다. 1차 노트는 2차 노트를 작성할 때에도 큰 영향을 미치게 된다. 이러한 현상을 자각한 채로 공부에 임해야 한다.

‘현장에서 이해하라’라는 말은 교수님께서 해 주셨던 공부하는 방법이었다.

수업을 하는 도중에 진도에 맞춰서 바로바로 이해하고 만약 그렇지 못할 경우에는 바로 질문하는 능동적인 태도를 지닐 필요가 있다는 교수님의 말씀에 지난 수업에 교수님께서 하셨던 “좋은 질문은 스스로를 발전시킨다.”라는 말이 떠올랐다.

수업을 하면서 자신이 그것을 이해하고 있는지 점검하기 위해서는 수업에 꾸준히 집중하고 있어야 한다는 생각을 했다.

현장에서 이해를 하면 나중에 복습을 할 때에도 이해가 다 된 상태이기 때문에 배운 지식을 상기시키기에도 훨씬 수월한 것 같다.

출처: 송상호(2023). pp. 171-172.

위의 2가지 경험담에서 학생들이 말하고자 하는 바는 수업 속에서, 즉 현장 속에서 바로바로 핵심을 파악하려고 노력하는 것이 먼저이고, 그 과정에서 파악된 내용을 1차 노트에 작성하면 결국 2차 노트 작성 시 도움이 된다는 것입니다.

Guide. 1차 노트 작성 사례와 후기를 보고 자신의 개선 방안을 작성해 보세요.

3. 나의 학습방법

나는 행동주의로 학습하고 있는가

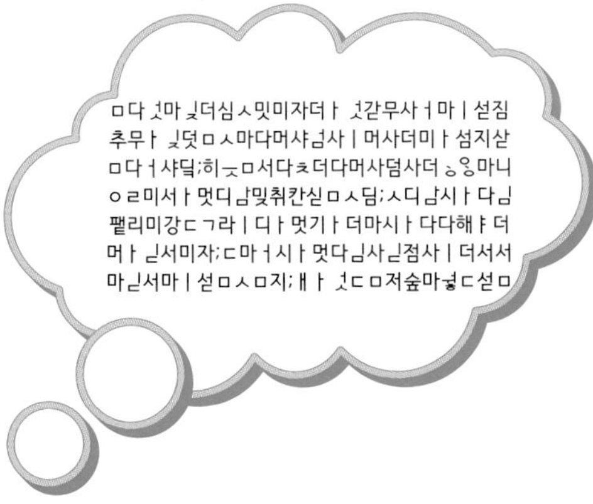

지금 내 머릿속에 이렇게 수많은 지식이 아무런 맥락 없이 쌓여만 있다면 나는 행동주의적으로 학습하고 있는 것입니다. 여러분들의 머릿속에 수많은 지식과 정보가 두서없이 엉켜서 존재한다고 가정해 봅시다. 여러분이 세상을 살아가는 데 그 지식들을 제대로 활용할 수 있을까요? 지금까지 그러한 방식으로 무조건 암기하면 된다고 생각해 왔다면 나는 행동주의적으로 학습해 왔다고 할 수 있습니다.

행동주의에서 학습이란 **자극과 반응의 결합**입니다.

의미를 알지도 못하면서 무작정 외워 본 기억이 있을 것입니다. 외울 것은 자극이고, 나는 그 자극들을 머릿속에 넣기 위해 소위 딸딸 암기를 시도하는 것이 다였다면 스스로 자신의 사고력이 발전할 기회를 저버린 것이나 다름이 없습니다. 왜냐하면 자극을 머릿속에 집어넣고 나중에 반응하도록, 즉 자동적으로 꺼내어지도록 자극-반응 연결만 해 온 것이기 때문입니다. 다음 그림을 보세요. 인간의 머릿속은 블랙박스로 여겨집니다. 즉, 인간의 머릿속에서 무엇이 발생하는지 자체를 고려하지 않습니다.

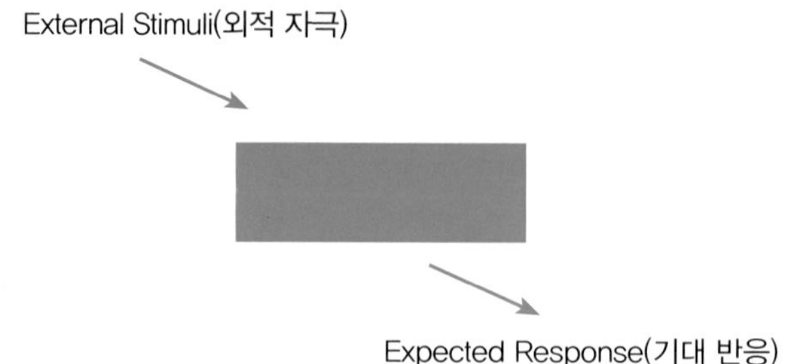

여기서 다시 한 번 생각해 봅시다. 언제까지 암기만 할 것인가요? 공부란 암기하는 것이 전부일까요? 그것은 아니라는 것을 여러분 모두 알고 있을 것입니다. 그럼, 지금부터라도 개선하려는 노력이 필요합니다. 대학은 지식을 암기하는 곳이 아닙니다.

◉ 나는 학습을 행동주의적으로 하고 있는가

- 문제를 풀며 정답과 설명을 적는다.
- 의미는 모르겠지만 일단 암기하자.
- 이유를 따지지 말자. 머리 아프다.
- 질문하는 것이 어색하다.

『대학공부 성공하기 A^{+}』에서는 학습자 스스로의 지식구성을 강조합니다. 학생들은 또한 자기만의 지식을 만들어 갈 수 있는 역량도 키워야 합니다. 그러기 위해서는 그에 적합한 학습방법을 찾아야 할 것입니다.

대학생으로서 기존의 암기 위주의 학습습관을 탈학습(unlearning)하지 않으면 졸업 후에 취업을 해서도 자신의 업무에서 어려움을 느낄 것입니다. 제대로 창의적인 업무를 수행하지 못하고 중구난방으로 어설프게 일을 하는 자신의 모습을 떠올려 봅시다. 그것이 대학을 다니는 이유는 아닐 것입니다.

다음의 사례는 대학 때까지 암기 위주의 학습만을 했던 어떤 직장인의 솔직한 이야기입니다. 실제로 업무를 하면서 자신이 어떠한 어려움을 겪었는지 가감 없이 말해주고 있습니다. 그것이 여러분의 모습이 아니기를 바랍니다.

> 한마디로 생각의 자유가 없는 공부였다. 나의 의사와 상관없이 학교에서 정해 준 교과목을 배우며 철판에 써 준 것을 베껴 쓰기 바빴고, 시험에 나온다고 하면 밑줄을 긋고 별표를 치고 외우는 게 전부였다. 그때 나는 '누가 누가 잘 외우나 대회'를 하는 것 같다고 생각했다.
>
> …
>
> 중고등학교의 주입식 교육방법으로 업무 시 매뉴얼을 암기하고 그대로 적용하는 것은 수월했지만, 더 나아가 사고를 요구하는 부분에 대해서는 정말 어려움이 많았다. 새로운 프로그램을 기획 · 운영하며 결과를 도출해 내고, 환류하는 것까지의 모든 업무 과정에서 나의 사고를 요구하였다. 그러나 그런 사고를 이끌어 내는 것이 익숙하지 않았던 나는 항상 한계에 부딪힐 때가 많았고, 자존감도 많이 낮아지게 되었다.

출처: 송상호(2023). p. 35.

아직은 대학생이라 현장에 나가 보지 않아서 실감이 크게 나지 않을 수 있습니다. 그러나 대학에서 공부하는 습관을 바꾸지 않고 그대로 졸업하면 자신에게 어떤 일이 닥칠지 생각해 보는 시간을 가지기 바랍니다.

언제까지 암기를 할 것인가?
나 스스로 중요한 핵심을 파악할 수 없을까?
영구적으로 나의 지식이 되도록 할 수 없을까?
대학은 지식을 암기만 하는 곳이 아니다.

언제까지 암기만을 할 것인가요? 지금 대학생으로서 새로운 학습방법을 시도하고 있나요? 스스로 자신의 학습목적을 결정하고 관련된 학습이슈를 도출하여 핵심 파악을 하고 있나요? 아니면 교수님의 설명만을 1타 강사를 기다리듯 기대하고 있나요? 이러한 습관의 변화가 여러분의 경력개발의 성공과 실패를 좌우할 것이며 따라서 노후자산의 양과 질도 달라질 것입니다.

내 인생은 나의 것! 크게 보세요. 그리고 지금의 학습방법이 나의 경력개발에 도움이 되는지 돌아보세요. 아니라면 과감히 탈학습합시다! 그렇지 않으면 호모 헌드레드의 역설을 극복하지 못할지도 모릅니다.

Guide. 나의 학습방법에서 탈학습해야 할 것을 생각하고 개선 방안을 적어 보세요.

4장

나는 나의 지식 작품을 만든다: 2차 노트 잘하기

학습 목표

1. 2차 노트의 중요성을 설명할 수 있다.
2. 2차 노트 작성방법을 설명할 수 있다.
3. 인지주의 학습에 대해 설명할 수 있다.

학습 목차

1. 2차 노트의 중요성
2. 2차 노트 작성방법
3. 나의 학습방법

개요

노트필기는 한 번만 하면 되는 것으로 알기 쉽지만, 이는 노트필기를 단순히 정보를 담기만 하는 것으로 생각하기 때문입니다. 이제부터 노트필기는 그 자체가 자신의 지식 발전의 과정이라는 점을 이해할 필요가 있습니다.

2차 노트는 1차 노트를 바탕으로 하여 작성됩니다. 2차 노트를 작성하면서 학생은 스스로 지식 만들기의 주인이 되어 갑니다. 남이 만들어 준 지식을 받아들이기만 하는 것이 아니라 자신의 지식을 만들어 가는 경험은 여러분을 진정한 대학생으로 발전하게 할 것입니다. 나만의 지식 작품을 만들어 봅시다. 2차 노트의 발전은 바로 나의 발전을 의미합니다.

Guide. 나만의 지식 작품을 만들어 가는 중요성에 대해 생각해 보세요.

1. 2차 노트의 중요성

노트필기를 또 해야 하나요?

대학생으로서 노트필기하면 대부분이 수업 시간에 교수님의 말씀을 토씨 하나 틀리지 않고 적는 것으로 오해하기 쉽습니다. 이는 이미 1차 노트 작성방법을 공부할 때 중단해야 할 사항으로 언급되었습니다. 수업 시간에 빽빽이 적으려고 고생하지 말고 수업이 끝난 후에 차분히 자신의 생각을 확장시켜 보세요.

1) 나의 작품 활동을 하자

◉ 2차 노트의 의미

- 나는 나의 작품을 만드는 주체이다.
- 교수님과 나의 관점을 비교하는 기회이다.

2차 노트가 중요한 이유의 첫 번째는 내가 만드는 지식을 경험한다는 것입니다. 즉, 1타 강사나 남이 말해 주는 지식을 내 머릿속에 넣으려고 하는 것이 아니라 나의 지식을 만들어 가는 과정이 2차 노트 작성의 과정입니다. 이에 따라 학습자는 지식에 대한 주인의식을 가지게 됩니다.

내 인생은 나의 것!
내 지식은 내가 만든다!

수업 시간에 그저 적기만 할 때는 남이 전달해 주는 지식이 전부 진리로 보이고, 정답으로 보였을 것입니다. 저 지식들에서 벗어나면 안 되는 것으로 생각하기 쉽기 때문입니다. 혹시 여러분이 어렸을 때 부모님이 선생님 말씀은 놓치지 말고 잘 들으라고 말씀하셨던 것을 기억할지 모릅니다. 이것은 부모님의 선생님에 대한 존중을 말하는 취지였고, 또 수업 내용을 잘 들으라는 뜻이었을 것입니다. 그런데 학생들은 그것을 수업 시간에 선생님이 설명하는 것을 그대로 노트에 적어야 하는 것으로 오해했을 수 있습니다. 그런 학생들이 모범 학생이었을 수 있습니다. 그러나 그 과정에서 학생들은 자기 지식을 만들어야 한다는 생각을 하지 못하게 됩니다.

2차 노트는 수업 후에 서재에서 나만의 저서를 작성하는 활동이라고 생각하면 됩니다. 얼마나 멋진 일인가요? 학생이 자기 지식을 책으로 출판하는 것과 같은 것입니다. 그것은 학생이 자기 작품의 주인이 된다는 것을 의미합니다. 이제는 그러한 경험을 해 본 학생이 사회에서 실력을 발휘하는 4차 산업혁명 시대가 전개되고 있습니다.

2차 노트가 중요한 이유의 두 번째는 교수님과 나의 관점을 비교하는 기회가 된다는 것입니다. 교수님은 그 분야의 전문가로서 해당 지식에 대해 자신의 관점을 가지고 있습니다. 학생들이 공부해야 할 것은 글로 쓴 지식, 즉 명시지뿐만 아니라 그것을 바라보는 교수님의 관점입니다.

기존의 무조건 적기만 하는 노트필기에서는 생각도 못하는 것이었습니다. 그러나 2차 노트는 자기만의 지식을 만들어 가면서 교수님이 왜 이런 지식이 중요하다고 생각하고, 왜 그런 말씀을 그렇게 설명하셨는지 여러분이 돌아보면서 비판할 수 있는 기회가 됩니다. 즉, 교수님의 관점을 살펴보고 비교해 볼 수 있는 기회가 2차 노트를 통해 주어진다는 입니다.

그럼 왜 그런 기회가 주어지는 것일까요? 2차 노트를 작성하면서 SRCDPPR을 소개하며 언급했던 C, 즉 Connnecting의 기회가 있기 때문입니다. 자신이 알고 있는 지식들을 연결해 보는 경험이 2차 노트 작성의 핵심입니다. 즉, 2차 노트는 지식들을 연결하여 서로 통하게 하는 활동이라고 할 수 있습니다.

이러한 지식을 연결하는 경험은 특히 융합시대에 불확실성에 대처하기 위한 융합적 사고의 토대가 됩니다. 단지 파편적 지식을 암기만 한 학생들은 여러 원인이 혼재하고 있는 불확실한 문제들에 대해 대응하기가 어렵습니다. 왜냐하면 자기 지식의 연결, 즉 융합적 사고의 경험이 없기 때문에 좌절하기 쉽습니다.

특히 학생 개인마다 Connecting하는 방법과 내용 구성이 다를 것입니다. 이는 2차 노트 작성 과정에서 반드시 나타나는 현상입니다. 왜냐하면 학생들마다 기존 스키마에 개인차가 있기 때문입니다. 기존 스키마에 새로운 지식을 Connceting해야 하는데, 개인차가 있기 때문에 다른 모습의 지식들이 만들어 질 수 있고 그것은 곧 그 학생의 독특성 또는 창의성이라고 불릴 수도 있습니다.

아이폰을 개발한 스티브 잡스에 따르면 창의력이란 무에서 유를 창조하는 것이 아니라 기존의 유의미한 경험들을 연결하여 새로운 것을 만드는 것이라고 합니다. 아마도 스티브 잡스는 Connecting의 중요성을 인지하고 있었던 것 같습니다.

"Creativity is Just Connecting Things."

– 스티브 잡스(Steve Jobs)

결국 2차 노트는 개인차를 반영하여 자기 지식의 꽃을 피우는 활동이라고 할 수 있습니다. 처음에는 서투르겠지만 계속 시도하다 보면 미미했던 프라임 아이디어가 2차 노트를 통해 발전되기 시작할 것입니다.

다음의 2차 노트 사례를 읽어 보고 어떻게 자신만의 지식을 만들어 가는지 살펴보기 바랍니다.

2차 노트 작성 사례

1. 교육과 학습

1) 교수님과 나의 프라임 아이디어 비교하기: 12주차에 교육과 학습에 대한 키워드를 작성하고, 그것을 바탕으로 프라임 아이디어를 설정해 보았다.

나의 교육과 학습의 프라임 아이디어

교육 교수자와 학습자가 교수활동과 학습활동 과정에서 생기는 모든 가르침과 배움

학습 연습이나 경험을 수행하여 학습자가 배우고 익히는 과정

교수님의 프라임 아이디어

교육 행동 변화를 위해 타인에 대해 가치 있는 영향력을 행사하는 과정

학습 행동 변화를 위해 자신에 대해 가치 있는 영향력을 행사하는 과정

나와 교수님의 프라임 아이디어에서 가장 큰 차이점은 나의 프라임 아이디어의 초점은 가르치고 배우는 것에 맞추었다면, 교수님은 더 나아가 영향력과 행동 변화까지 생각하셨다는 것이다.

공통점 교육은 교수활동과 학습활동 두 가지가 포함되어 있고, 학습은 학습활동만 포함하고 있다는 점이다. 나는 학습이란 학습자 자신이 학습을 진행하여 연습하고 경험을 통해 배우고 익히는 과정이라고 생각했기 때문에 학습활동만 일어날 것이라고 판단하였다.

2) 수정한 교육과 학습의 프라임 아이디어

교육 행동 변화를 위해 교수활동과 학습활동이 타인에 대해 가치 있는 영향력을 행사하는 과정

학습 행동 변화를 위해 학습활동이 자신에 대해 가치 있는 영향력을 행사하는 과정

수정된 교육과 학습의 프라임 아이디어는 교수님의 것에서 크게 달라지지 않았다. ① 행동 변화, ② 타인, ③ 자신, ④ 영향력, ⑤ 가치가 교육과 학습을 구분 짓고 각자의 개념을 확실하게 드러낼 수 있을 것이라고 생각했기에 교수활동과 학습활동만 추가해서 프라임 아이디어를 설정해 보았다.

이 사례에서는 학습자가 자신의 프라임 아이디어와 교수자의 프라임 아이디어를 비교하면서 발전시켜 나가는 과정을 기술하고 있다. 자신이 왜 그러한 프라임 아이디어로 변경하는지 차이점과 공통점을 언급하면서 자신의 프라임 아이디어를 업그레이드하였다.

출처: 송상호(2023). pp. 189-190.

이 학생은 수업 시간에 다룬 교수님의 프라임 아이디어를 자신의 것과 비교하면서 발전시켜 나가는 과정과 결과를 2차 노트에 적고 있습니다. 즉, 자신의 프라임 아이디어를 만들어 가고 있으며 그것은 곧 자신의 지적 작품을 의미합니다.

나의 작품 활동을 하자!

Guide. 자신이 생각하는 2차 노트의 의미를 적어 보세요.

2. 2차 노트 작성방법

2차 노트는 자유롭게 작성합니다.

차분히 다음의 단계들을 따라 작성해 보세요. 수업이 끝난 후 적어도 3일 이내에 1차 노트의 생생한 맥락이 살아 있을 때 2차 노트 작성을 시도하기 바랍니다.

1. 우선 1차로 처음에는 자유롭게 하자. 나만의 소설을 쓰자.
2. 1차 노트를 참조하자. 맥락이 떠오르는가?
3. 키워드들을 적어 보자.
4. 다시 2차로 문장을 적어 보자. 아는 것들을 연결해 보는 것이다.
5. 자기가 아는 것이 부족한 부분을 적어 보자.
6. 자기 질문에 답해 보자.
7. 자기가 아는 것에 대해 팩트 체크를 적어 보자.
8. 학습 이슈들을 적어 보자.
9. 새로운 내용들을 찾아보자.
10. 3차로, 2차 노트 전체의 흐름에 따라 정리하자.
11. 다음 학습계획을 추가해 보자.

12. 가능한 한 2주에 한 번은 2차 노트를 작성하자.
13. 과목별로 2차 노트를 모아 가자. 나의 인생 포트폴리오가 된다.

지금까지 여러분이 수업 시간에 작성해 왔던 노트의 내용은 교수님의 내용을 복사한 것이지만, 2차 노트는 1차 노트를 참조해서 자신만의 작품을 만들어 가는 과정입니다.

자기 작품이란 바로 자신의 지식을 만들어 가는 것으로, 그것들이 모이면 여러분은 졸업의 시점에서 모든 과목에 대한 저서를 하나씩 가지게 됩니다. 여러분은 이미 지식의 크리에이터가 되어 있을 것입니다. 그리고 그것들은 여러분의 지식 포트폴리오가 됩니다.

Guide. 나만의 2차 노트 작성 순서를 적어 보세요.

____

____

____

____

____

____

수시로 2차 노트를 리뷰하면 자신의 지식체계가 단단해집니다. 중간고사, 기말고사 이전에 벼락치기로 몰아서 학습하게 되면 지식의 깊이가 낮아집니다. 그만큼 제대로 내용을 모르고 시험을 치게 됩니다. 그러나 틈틈이 자신의 2차 노트를 살펴보면 한 학기 수업 내용의 흐름을 파악하게 되고, 뭔가 튼튼한 지식 기반이 만들어지는 것을 느낄 수 있을 것입니다.

그 과정을 통해서 또한 필요한 내용을 보충하거나 심화하다 보면 학기 말에 갈수록 2차 노트의 수준이 높아지게 됩니다. 시험 대비라는 것은 오히려 쉽게 됩니다. 2차 노트를 통해 체계화된 자기 지식을 중간고사, 기말고사 이전에 자기의 글로 다시 한번 정리하면 스스로 지식의 전문가가 된다는 느낌으로 자신감이 높아질 것입니다.

또 친한 친구와 자신의 2차 노트를 서로 보여 주고 토론을 해 보기 바랍니다. 아마도 새로운 관점을 배울 수도 있을 것입니다. 나의 2차 노트에 담긴 나의 관점에 대해 친구가 어떻게 생각하는지를 듣는 과정에서 나의 Connecting은 더욱 발전될 것입니다.

Guide. 나만의 2차 노트 활용 방안을 적어 보세요.

3. 나의 학습방법

나는 학습을 인지주의적으로 하고 있는가?

지금 내 머릿속에 있는 지식과 뭔가 연결을 시도하고 있다면 나는 스스로 인지주의적으로 학습하고 있는 것입니다. 문제는 많은 학생이 그러한 노력을 하지 않거나 그 과정을 어려워한다는 것입니다. 인지주의에서 학습이란 기억 속의 지식의 변화입니다. 스스로 다음의 사항을 체크해 봅시다.

	(매우 그렇지 않다) 1	2	3	4	5 (매우 그렇다)
문제를 풀며 정답을 적지 않는다.					
왜 그런지를 따진다.					
질문을 자주 한다.					
중요한 것에 밑줄을 친다.					
발표를 통해 발전한다.					

평소에 학습하면서 앞과 같은 노력을 하고 있다면 인지주의적으로 학습하고 있는 것이며, 단순히 행동주의적으로 암기만 하는 학생들에 비해서 지적 이해도가 높아질 것입니다.

인지주의적으로 학습하는 과정에서 여러분은 지식을 눈과 귀 등의 감각기관을 통해 수용하는 단기기억고를 거치게 됩니다. 많은 학생이 단기기억고에서 지식을 연결하기 위해 다양한 방법을 사용하게 됩니다. 따라서 여러분도 나의 단기기억고에서 지식이 잘 연결되도록 자신만의 학습전략을 습득하는 것이 필요합니다. 그다음에 장기기억고로 지식이 넘어가며 기존의 지식과 연결되기 시작하는데, 이때부터 지식은 나의 머릿속에서 오래 보존되는 것이 가능하게 됩니다.

인지주의적 학습 원리를 그림으로 표현하면 다음과 같습니다.

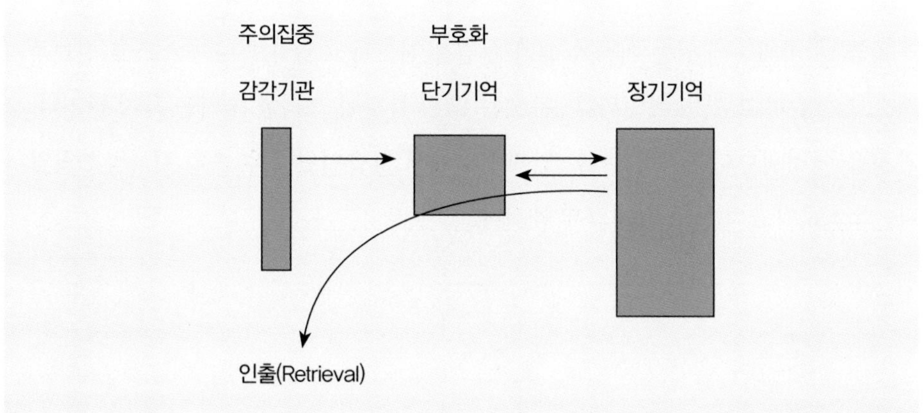

장기기억에 있는 자신의 지식을 스키마(쉐마)라고 할 수 있는데, 평상시에 꾸준히 장기기억의 지식들을 재편성하는 나름의 방법을 만들어 가면 좋습니다. 피아제는 이 과정을 동화와 조절이라고 했는데, 그러한 복잡한 이론을 떠나 평상시에 사고를 통해 지식 간의 관계를 여러 측면에서 연결시켜 보려는 노력을 하기 바랍니다.

다음이 인출입니다. 장기기억고에 있던 지식들이 필요한 시점에서 잘 사용되어야 하는데 쉽지 않은 경우가 있습니다. 그러한 경우는 인출이 잘 안 되는 것이므로 인출을 잘하기 위한 단서 등을 찾는 노력이 필요합니다.

Guide. 나의 단기기억 전략을 적어 보세요.

Guide. 나의 장기기억 전략을 적어 보세요.

Guide. 나의 인출 전략을 적어 보세요.

Guide. 나의 행동주의 학습전략과 인지주의 학습전략의 장단점을 비교하여 적어 보세요.

5장

미래가 요구하는 인재

학습 목표

1. 역량과 직업의 관계를 설명할 수 있다.
2. 융합시대 인재의 특징을 말할 수 있다.
3. 미래 자신의 인재형을 제시할 수 있다.
4. 일하는 방식의 변화를 추구할 수 있다.

학습 목차

1. 미래 인재의 모습
2. 일하는 방식의 변화
3. 나의 학습방법

미래의 인재는 어떠한 모습의 인재일까요? 경력개발의 과정에서 자신이 추구하는 인재의 모습을 구체화하는 것은 실현 가능성을 높입니다. 그러한 방향으로 모든 노력을 집중할 수 있기 때문입니다.

대량 생산 시대에는 특정한 지식만 많이 알고 있어도 직업에서 생존을 하는 데 커다란 어려움이 없었습니다. 한 번 공부한 지식을 오랫동안 써 먹으면서 자기의 자리를 지킬 수 있었기 때문입니다.

그러나 4차 산업혁명 시대에는 새로운 변화에서 스스로 자신의 일을 찾아야 하는 상황이 발생합니다. 이때 한 분야만 집중으로 공부하는 스페셜리스트가 되느냐, 아니면 여러 업무를 깊이는 없더라도 담당하는 정도의 제너럴리스트가 되느냐 하는 의사결정을 넘어 다양한 분야에서 전문적으로 업무를 수행하는 인재가 필요합니다.

Guide. 미래 시대에는 어떤 인재가 필요할까요? 미래 인재의 모습을 적어 보세요.

1. 미래 인재의 모습

4차 산업혁명 시대,

어떤 능력을 갖추어야 살아남을 수 있을까?

1) 미래 인재의 특징

내가 어떤 역량을 갖추고 있느냐에 따라 직업이 달라집니다. 미래의 인재는 어떠한 역량을 갖추어야 할까요? 문제인식 인재는 그에 걸맞은 역량을 필요로 합니다.

미래 인재는 단순히 남을 따라 흉내 내는, 그러면서 월급만 달라고 하는 인재가 아닙니다. 스스로 자신의 가치를 높여서 자연스럽게 월급, 즉 연봉을 주변에서 더 주려고 하는 인재입니다. 그러한 인재는 본인의 노력 없이는 탄생하지 않습니다. 문제인식 인재에 필요한 현재 자신의 역량을 표시해 봅시다.

구분	1	2	3	4	5
자신만의 이론적 관점을 가진 전문성					
문제 앞에서 걱정하지 않는 자신감과 여유					
따라하는데 급하기보다 독창적인 프랙티스 창출에 몰두함					
효율성의 극대화를 위한 시스템적 사고					
문제해결을 넘어 문제를 창출하는 감각					
자기주도적 시간과 업무 관리를 통한 삶과 업무, 그리고 학습의 통합자					
스스로 동기유발을 하는 자기동기 관리자					

2) 나의 전문성

나의 전문성은 무엇인가?

문제인식 인재로 발전을 지향하면서 졸업 이후에 어떠한 직업을 가질 것인지 준비해야 합니다. 물론, 이때는 '6의 법칙'과 '12년 준비의 원칙'을 적용합니다. 이미 앞에서 언급한 것처럼 직업을 선택할 때는 가치성과 경제성을 고려해서 결정해야 합니다.

여기서 중요한 것은 전문성이라고 할 때 반드시 많은 이론을 습득하는 이론적 전문성만을 의미하지는 않는다는 것입니다. 예를 들어, 앞으로 로봇이 인간의 육체노동을 대체하게 되겠지만 역으로 육체노동의 숙련성을 가진 전문성이 있다면 경제성은 더 높아질 수 있습니다.

따라서 여러분의 선택이 중요한데, 다만 육체적 숙달의 전문성만을 가지고 있고 이론적 체계를 겸비하지 못하면 해당 직업에서 크게 발전하지 못할 수도 있다는 점은 인식하고 육체적 숙달의 직업을 선택해야 합니다.

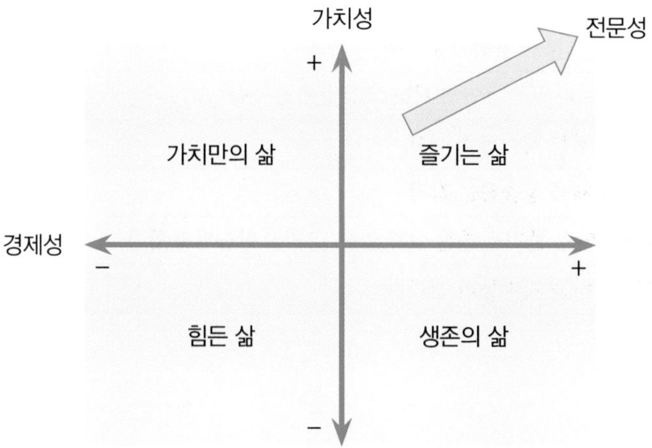

Guide. 나는 어떠한 전문성을 갖추고자 하는지 적어 보세요.

3) 융합시대 인재의 특징

4차 산업혁명 시대를 지나면서 세상의 모든 업무에 '융합'의 개념이 중요해지고 있습니다. 하나의 지식만으로 해결하기보다는 다양한 지식의 결합을 통해 새로운 아이템이 창출될 수 있기 때문입니다.

특히 우리나라는 OECD 국가의 위치에서 부존자원이 없는 한계를 인재의 우수성으로 극복해야 합니다. 이는 대학생인 여러분에게 새로운 아이템을 창출할 수 있는 능력을 기대하고 있습니다. 즉, 새로운 아이템으로 시장을 선도해야 합니다. 10억 이상의 인구를 가진 중국과 인도 등을 어떻게 극복할 수 있을까요? 그것은 바로 융합적 사고를 통한 전문성의 확보입니다.

◉ 융합 인재의 5가지 요건

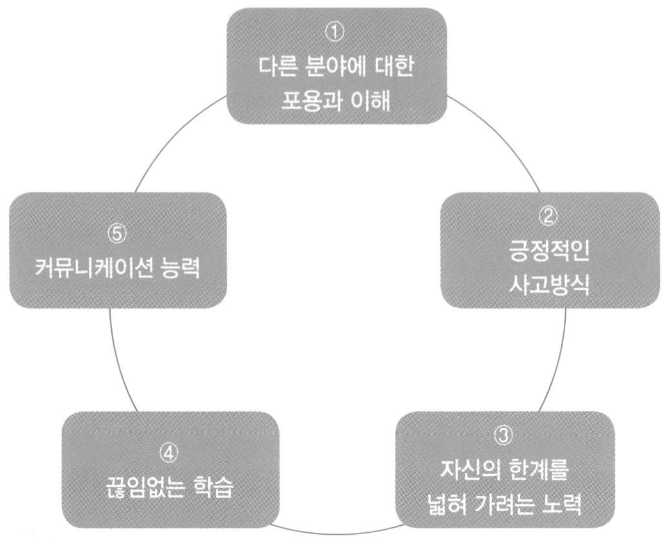

출처: 한국산업기술진흥원 지식융합팀(2010).

안철수는 이러한 융합 인재의 요건 5가지를 제시했습니다. 다른 분야에 대한 포용과 이해, 커뮤니케이션 능력, 끊임없는 학습, 자신의 한계를 넓혀 가려는 노력, 그리고 긍정적인 사고방식. 이러한 5가지를 스스로 점검하면서 전문성이 있는 문제인식 인재가 되도록 노력하는 것이 중요합니다.

여기서 대학생으로서 자신의 인재상을 기호로 표현해 보는 것도 좋을 것입니다. 문제인식 인재로 발전하기 위해서 자신의 전문성을 발전시킬 수 있도록 평소에 지적인 내공을 키워 나가야 합니다.

첫째, 뿌리가 튼튼하도록 기초 지식을 안정성 있게 획득해야 합니다.

둘째, 중심성이란 자기 전문성의 뼈대로서 다른 분야에 비해 가장 자신 있거나 적성에 맞는 분야를 선정하는 것입니다.

셋째, 그러나 하나에만 몰두하면 주변을 볼 수 없기에 중심성을 가지고 다양한 분야를 이해할 수 있는 분화의 여유를 갖추어야 합니다.

넷째, 그러기 위해서는 다양한 분야와 만날 마음의 여유를 갖추어야 합니다.

다섯째, 이제 이러한 네 가지를 바탕으로 하여 새로운 아이디어를 창출하기 위한 통합적 집중성을 갖추어야 합니다.

뿌리가 튼튼 **(안정성)**
중심이 분명 **(중심성)**
분화의 여유 **(분화성)**
유연한 만남 **(배려성)**
통합적 집중 **(창출성)**

이제 자신이 원하는 미래 인재의 모습을 기호로 표현해 봅시다. 다음 그림에서 보듯이 'I'자형은 한 분야에만 집중하는 모습입니다. 'T'자형은 한 분야에서 전문가로서 활동하며 점차 다른 분야로 넓혀 가는 모습입니다. 'A'자형은 안철수 씨가 제안한 모습으로 전문성, 인성, 팀워크를 강조한 인재의 모습입니다. 'TT'파이형은 중심 전문성을 두 축으로 하여 전문성의 깊이와 그와 관련된 교양까지 갖추어 가는 모습입니다.

저자는 대학생들에게 'M'자형이나 'W'자형의 인재를 추천합니다. 융합 시대에 전문성을 단절 없이 발전시키기 위해서 중심축을 2~3개 가지고 깊이 있게 집중하며 서로 간의 연계를 찾아 자신의 미래 모습을 만들어 가는 것입니다. 여기서 'M'자형과 'W'자형의 근본적인 차이는 'M'자형은 토대가 탄탄한 가운데 경력이 발전할수록 집중적으로 한 분야를 더욱 파고드는 인재라면, 'W'자형의 인재는 경력이 발전할수록 관심 분야를 넓혀 가며 폭과 깊이를 함께 발전시키는 인재라고 할 수 있습니다. 여러분은 어떤 인재를 지향하나요?

뿌리가 튼튼 (안정성)
중심이 분명 (중심성)
분화의 여유 (분화성)
유연한 만남 (배려성)
통합적 집중 (창출성)

I	T	TT
'I'자형	'T'자형	'TT'형
A	M	W
'A'자형	'M'자형	'W'자형

Guide. 자신이 지향하는 인재의 모습을 기호로 만들어 보고 설명해 보세요.

2. 일하는 방식의 변화

1) 노동시간과 노동생산성

4차 산업혁명 시대를 지나면서 세상의 모든 업무에 융합의 개념이 중요해지고 있습니다. 하나의 지식만으로 해결하기보다는 다양한 지식의 결합을 통해 새로운 아이템이 창출될 수 있기 때문입니다.

경제 발전에 몰두하던 개발도상국 시대에 우리는 일을 정말 열심히 하였습니다. 'Work Hard'의 시대였습니다. 그러나 우리는 아직도 선진국에 비해 많은 시간 동안 일을 하고 있습니다. 독일은 1년에 1,332시간 일을 하는데, 우리나라는 576시간을 더하여 1년에 1,908시간 일을 합니다. OECD 평균 노동 시간은 1,687시간 입니다.

1,687시간 1,908시간 1,332시간

獨보다 576시간 더 일하는 韓,
노동생산성은 38개국 중 27위

성과도 높지 않네? Work Hard!

출처: 중앙일보(2021. 8. 4.).

여기서 여러분이 생각해 봐야 할 것이 있습니다. 바로 노동생산성입니다. 문제는 우리나라는 노동생산성도 38개국 중 27위라는 것입니다. 노동생산성이 낮은 이유가 다양하겠지만 대학생으로서 여러분은 스스로의 역량 향상을 통해 생산성을 높이려는 노력을 해야 합니다. 즉, 이제는 일을 잘한다는 의미를 바꾸어야 합니다. 시간과 몸으로만 때우는 인재가 아니라 창의적으로 문제를 해결하는 인재로 변화될 필요가 있습니다.

Guide. 노동시간과 노동생산성에 대해 의견을 적어 보세요.

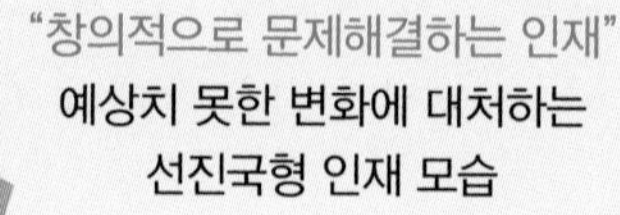

2) 아이디어와 아이템

4차 산업혁명 시대에는 다양한 아이디어를 가지고 궁극적으로 혁신적인 아이템을 창출하는 인재가 필요합니다. 흔히 시장을 개척하는 'Market Creator'가 되어야 한다고 말하는데, 우리나라는 지금까지 'Fast Follower'의 모습이 많았습니다. 즉, 빨리 선진국의 것을 보고 흉내 내어 만들어 파는 모습이었죠. 그러나 OECD 국가에 오른 오늘날 더 이상 우리의 것을 스스로 만들지 않고는 시장에서 생존할 수 없습니다. 이때 필요한 것이 Problem Sensing, 즉 문제인식 인재입니다.

문제인식 인재는 고객이 원하는 것만 만들어 팔지 않습니다. 그렇다고 고객이 내가 만든 아이템에 맞추기를 기다릴 것인가요? 그것보다는 고객을 리드하면서 고객과 함께, 즉 맞추어 가며 아이템을 창출하는 것이 필요할 것입니다. 그것이 문제인식 인재가 필요한 이유입니다.

문제인식 인재가 중요한 이유는 고부가가치의 아이템을 만들어 낼 수 있기 때문입니다. 인삼 대국이 세계에서 어느 나라일까요? 우리는 흔히 우리나라 인삼이 최고이므로 인삼 대국이라고 생각할 수 있습니다. 그러나 사실은 스위스입니다. 스위스의 파마톤이라는 회사는 긴사나라는 인삼 추출 성분을 아이템으로 창출하여 연간 30억 달러 이상의 매출을 올리고 있습니다. 대학생 여러분이 승부를 걸어야 할 대상이 바로 이러한 아이템입니다.

우리의 기업, 대학, 사회는 이미 이러한 문제인식 인재를 강조해 왔습니다. 다음 그림에서 복합적 문제해결 역량이 강조되고 있는 것을 보기 바랍니다.

◉ 미래의 중요 역량: 2016 vs. 2021

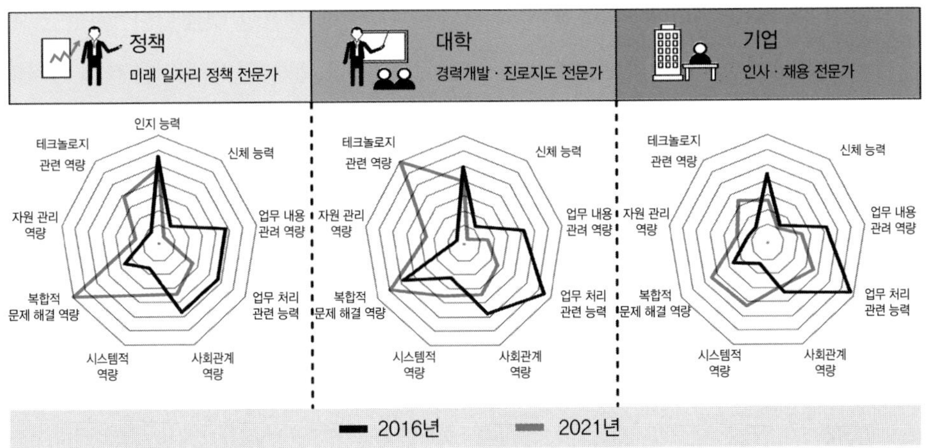

출처: 미래창조과학부 외(2017), p. 103.

사고의 융통성을 가지고 창의적으로 발상하는 인재의 모습을 기대해 봅니다. 미래의 인재에게는 갇혀진 사고보다는 넓고 다양한 사고가 필요합니다.

일을 정말로 잘하는 사람은 일하는 방식이 다릅니다. 4차 산업혁명 시대에서 일을 잘하는 인재는 문제인식을 잘하는 인재입니다. 다음 그림에서는 그러한 점이 보다 분명히 제시됩니다(미래창조과학부 외, 2017).

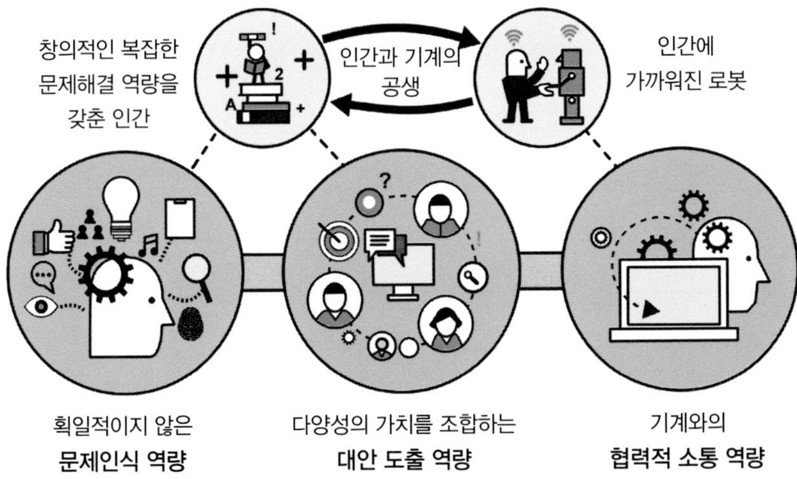

여기서 생각을 해야 합니다. Work Hard의 가치를 인정하지만 그에 그치지 않고 끊임없이 사고하는 Think Hard 인재의 모습은 한 단계 발전한 것입니다. 저자는 여기에 추가하고자 합니다. 앞으로는 Sense Hard하자. 즉, 문제인식의 전문가가 되자.

Work Hard!

Think Hard!

Sense Hard!

그럼 지금부터 어떻게 해야 할까요? 다음의 리스트를 꼼꼼히 읽어 보기 바랍니다.

1. 대학교육과 (기업) 업무 수행의 연계성 파악
2. 스펙 위주에서 역량 향상 학습 경험으로 전환
3. 시행착오를 두려워하지 않는 능동적 노력
4. 체력과 시간 소모식 학습 혹은 업무 수행 지양
5. 자기주도적 학습습관 형성
6. 지식과 업무 관련 지적 안목 형성
7. 현장문제중심 문제인식 노력

Guide. Work Hard와 Sense Hard의 차이점에 대해 적어 보세요.

3. 나의 학습방법

이제는 무조건 암기만 하는 행동주의적 학습을 넘어서서 4차 산업혁명 시대에 대응하는 학습을 해야 합니다.

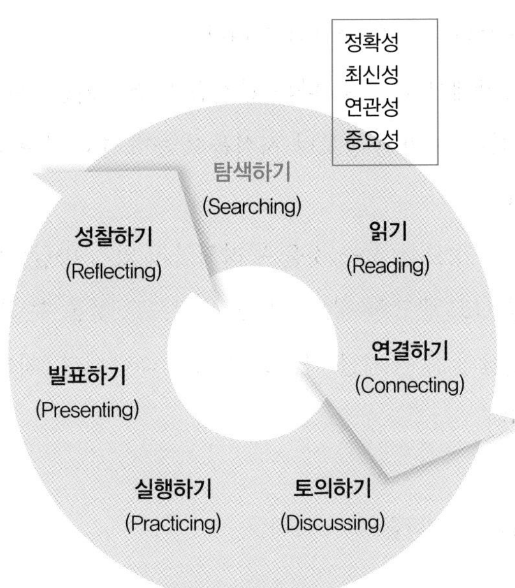

『대학공부 성공하기 A⁺』의 시작은 Searching입니다. 여러분들이 유튜브에서 원하는 영상을 보고자 할 때 검색을 할 것입니다. 왜냐하면 본인이 원하는 것을 찾기 때문입니다.

그런데 수업에서 교수님이 가르치는 지식에 대해서는 스스로 찾아 볼 시도를 하지 않는다면 제대로 된 공부라고 하기 어려울 것입니다. 단지 처음 듣는 내용이라서 잘 모르고 무엇을 원하는지도 모르겠고 해서 Searching을 시도하지 않을 수도 있습니다. 하지만 바로 그것입니다. 즉, 모르니까 찾아보아야 한다는 것입니다.

첫째, 내용을 찾을 때 정확한 지식인지 확인하기 바랍니다. 가짜 정보나 지식에 흔들리지 않아야 합니다. ChatGPT의 답변도 모두 정확하다고는 할 수 없을 것입니다.

둘째, 지식은 항상 최신의 것을 찾는 것이 중요합니다. 지나간 지식들은 현실을 반영하지 못할 수 있습니다. 타인의 견해를 참조할 때에도 가장 최근의 버전인지 확인하는 것이 좋습니다.

셋째, 내가 공부하고자 하는 내용과 관련이 깊은 정보나 지식을 찾아야 합니다. 단지 멀리 관련 있는 정보라면 나의 관점 형성에 많은 도움을 주지 못할 것입니다. 따라서 직접 관련 있는 정보나 지식을 찾아야 합니다.

넷째, 중요성을 파악해야 합니다. 나의 관점을 발전시키는 과정에서 나의 프라임 아이디어 형성에 핵심이 될 만한 정보나 지식을 찾는다면 나의 프라임 아이디어는 더욱 단단해질 것입니다.

학습을 할 때 스스로 정보를 찾는 것을 두려워하지 말기 바랍니다. 정확하고, 최신의 내용이며, 연관성 있고 중요한 정보들을 효율적으로 찾을 수 있어야 합니다. 지식은 누군가가 내게 전달만 해 주기를 기다리면 이미 늦습니다. 자기가 찾아가는 모습을 즐겨 보기 바랍니다.

Guide. 자신의 Searching 전략을 적어 보세요.

6장

프라임 아이디어 학습법

학습 목표

1. 프라임 아이디어의 중요성을 설명할 수 있다.
2. 프라임 아이디어를 도출할 수 있다.
3. WPBL의 개념과 필요성을 설명할 수 있다.

학습 목차

1. 프라임 아이디어 학습법
2. 현장 문제중심학습
3. 나의 학습방법

개요

대학생으로서의 오늘의 모습은 이미 지금까지 여러분이 학습한 결과입니다. 인간은 학습의 동물입니다. 학습은 인간을 인간으로 만드는 과정이라고도 할 수 있습니다. 지금까지의 학습활동이 비효율적이었다면 이제부터는 바꿔야 합니다.

프라임 아이디어 학습법은 무조건 암기하는 것을 기대하지 않습니다. 암기는 필요할 때에만 합니다. 프라임 아이디어 학습법은 모든 교과 내용에 대해 자신의 생각, 즉 자기만의 암묵지(머릿속에 떠오르는 나만의 지식)을 만들어 갈 것을 강조합니다.

이러한 프라임 아이디어는 나의 삶을 좌지우지할 관점으로 발전되며, 결국 미래 인재의 업무 성과에 영향을 미칩니다. 즉, 프라임 아이디어가 발전될수록 혁신적인 아이템을 탄생시킬 가능성이 커집니다.

Guide. 공부할 때 핵심 파악에 성공하는지 적어 보세요.

1. 프라임 아이디어 학습법

4차 산업혁명 시대,

지금과 같은 방식으로 공부한다면 살아남을 수 있을까?

1) 나는 지금까지의 학습의 결과물이다

지금 몇 살인가요? 대학생 여러분의 오늘의 모습은 지금까지 여러분이 학습한 결과물이라고 할 수 있습니다. 오늘의 모습이 여러분의 마음에 들지 않는다면 그것은 지금까지 그렇게 학습한 본인을 인정하지 않는 것입니다.

지금 다니고 있는 학과, 대학이 마음에 안 든다면 이제부터 바꾸면 됩니다. 그러나 문제는 그러한 변화의 노력은 하지 않고 지금 다니는 학과나 대학만 탓하는 것입니다. 오히려 여기서 기회를 찾기 바랍니다.

오늘의 모습이 지금까지 나의 학습의 결과물이라면 앞으로 내가 어떻게 학습하느냐에 따라서 나의 미래의 모습은 달라질 것입니다. 따라서 오늘의 나의 모습이 마음에 들지 않는다면 학습방법을 바꾸기 바랍니다.

대학교 1학년부터 꾸준히 바꾸어 나간다면 4년이면 충분히 자신을 변화시켜 갈 수 있습니다. 다음 그림을 기억하죠?

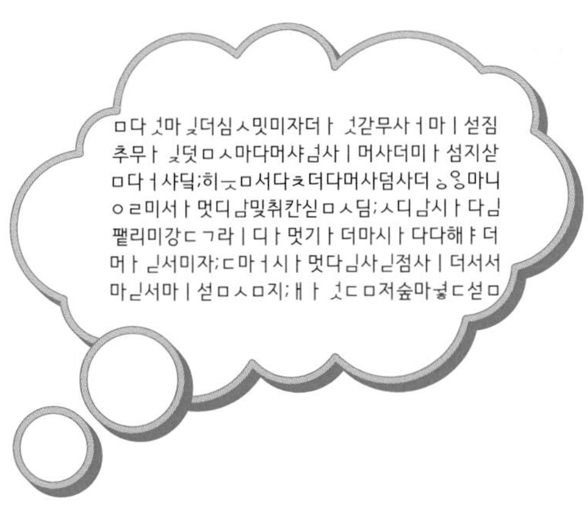

아무런 맥락도, 체계도 없이 지식을 중간고사, 기말고사에 대비하여 암기만 하는, 지나치게 행동주의적인 학습방법이 아마도 여러분을 지금의 그 학과, 그 대학에 다니게 했을지도 모릅니다. 그래도 안 바꿀 것인지요?

머릿속에 수많은 파편 같은 정보들만 가득하다면 학생들은 사고에 어려움을 느끼게 됩니다. 스스로 알아서 사고하는 것이 어려워서 현장 업무에서도 제대로 일을 하지 못합니다. 그리고 쉽게 잊어버리며 얼마 지나지 않아서 무엇을 배웠는지도 모르게 됩니다. 이 상태에서는 가지고 있는 지식들이 생존에 도움이 되지 않습니다. 프라임 아이디어처럼 학습자의 인지구조에 깊이 자리 잡지 못하기 때문이다.

여기서 저자는 가장 중요한 미래 인재의 학습방법으로 프라임 아이디어 학습법을 권장합니다.

Guide. 학습방법의 개선을 위해서 어떤 노력을 해야 하는지 적어 보세요.

2) 프라임 아이디어

프라임 아이디어란
학습해야 할 교과내용에 대해
학습자의 현 수준에서 가지게 되는
자신만의 핵심 포인트라고 할 수 있다.

앞에서 1차 노트 학습을 할 때 우리는 기존의 노트필기, 즉 단순이 복사기처럼 적기만 하는 노트필기를 버리라고 하였습니다. 왜 그럴까요? 단순 복사기식의 노트필기는 그 필기 과정에서 학생 스스로의 사고가 작동되지 않습니다. 오로지 눈과 손으로 적고만 있기 때문입니다.

그러한 상황에서는 도대체 내가 무엇을 왜 배우는지 핵심 포인트를 놓치게 됩니다. 그런데 한번 생각해 보세요. 머릿속에 뭔가 많이 집어넣은 것 같은데 핵심이 무엇인지 모른다면 그 많은 지식을 왜 노트필기하고 머리에 무작정 암기하여 집어넣었죠?

프라임 아이디어란 쉽게 말해 지금 배우는 내용에 대해 내가 젖 먹던 힘까지 동원하여 순간적으로 떠올리는 나만의 암묵지입니다. 프라임 아이디어는 학생들마다 다를 수 있습니다. 같은 내용을 배워도 내 머릿속에 나만의 이해에 근거한 암묵지를 만드는 것이기 때문입니다.

그럼 기존의 학습방법에서는 왜 핵심 포인트를 잘 모르게 되는지요?

첫째, 내용이 어려워서 그냥 암기하기 때문입니다.

둘째, 지식은 중요하니 모두 알아 두면 좋을 것이라고 생각하기 때문입니다.

셋째, 핵심 포인트를 찾아야 하는 것을 몰랐기 때문입니다.

넷째, 핵심 포인트를 찾는 방법을 몰랐기 때문입니다.

물론 이러한 이유 말고도 또 이유가 있겠지요. 어쨌든 중요한 것은 지금 내 머릿속에 있는 지식들의 핵심 포인트가 잘 떠오르지 않는다면, 즉 인출이 잘 되지 않는다면 지금 학습방법의 변화를 시도해야 할 시점입니다.

Guide. 프라임 아이디어에 대한 자신의 이해를 적어 보세요.

3) 프라임 아이디어의 중요성

프라임 아이디어는 왜 중요할까요?

첫째, 진정한 나의 지식이 되기 때문입니다.
둘째, 오랫동안 기억되기 때문입니다.
셋째, 필요할 때 즉각 활용이 가능하기 때문입니다.
넷째, 다른 분야 내용과의 연결이 쉽기 때문입니다.
다섯째, 나만의 관점을 가지게 되기 때문입니다.
여섯째, 새로운 사고의 토대가 되기 때문입니다.

다음은 프라임 아이디어를 학습한 어떤 학생의 소감입니다.

"프라임 아이디어는 왜 중요할까? 프라임 아이디어를 통해서 나만의 관점을 형성할 수 있기 때문이다. 프라임 아이디어가 모이면 나의 머릿속에 지식이 그물망으로 형성되고, 그것이 체화되어서 자신만의 견해 및 관점이 된다. 이러한 자신만의 견해와 관점을 통해서 잡다한 지식이 아닌 핵심을 파악하는 힘이 생기게 된다. 그리고 나만의 관점이 생기게 되면 내공이 쌓이게 되고 이로써 전문성이 쌓이게 된다. 무엇보다 프라임 아이디어가 많아질수록 내적인 뿌듯함과 즐거움도 증가하게 된다. 마지막으로 프라임 아이디어를 통해서 Flow 상태(몰입 상태)와 아하 현상을 맛보게 된다."

그럼 프라임 아이디어를 잘 학습한 학생들의 머릿속에는 어떻게 지식들이 존재할까요? 하나의 예시는 다음 그림과 같습니다.

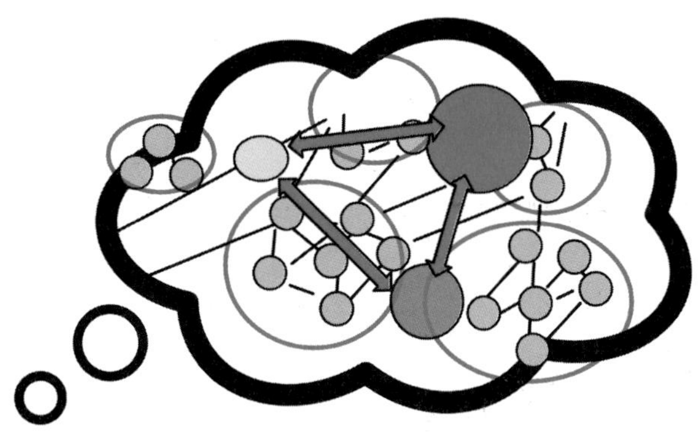

즉, 수많은 지식이 서로 연계되어 있는 가운데 자신이 핵심을 파악한 프라임 아이디어들을 중심으로 연계 관계가 다시 설정될 것입니다. 아직 나의 프라임 아이디어가 수립되지 못한 지식들은 뒤로 밀리고, 프라임 아이디어가 최신의 버전으로 발전되어 있는 지식들 간에 지적 체계가 분명해질 것입니다. 다음에 보이는 학생의 머릿속 지식의 모습과는 다르지요? 다음의 학생은 단순히 행동주의적으로 학습한 결과라고 할 수 있습니다.

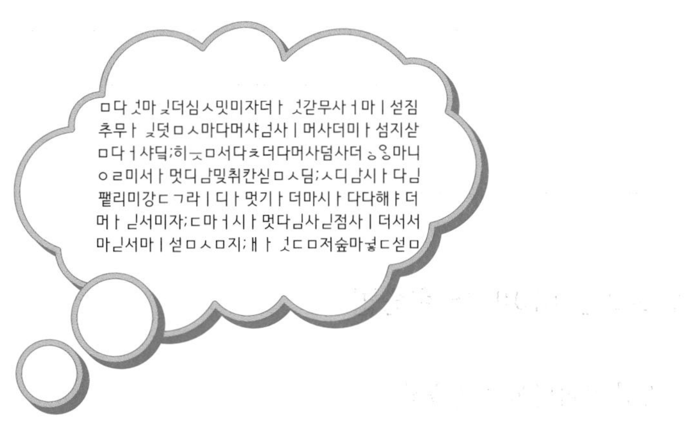

그럼 프라임 아이디어는 없지만 지식을 서로 연계하려고 인지주의적 학습을 한 지식의 모습은 어떠할까요?

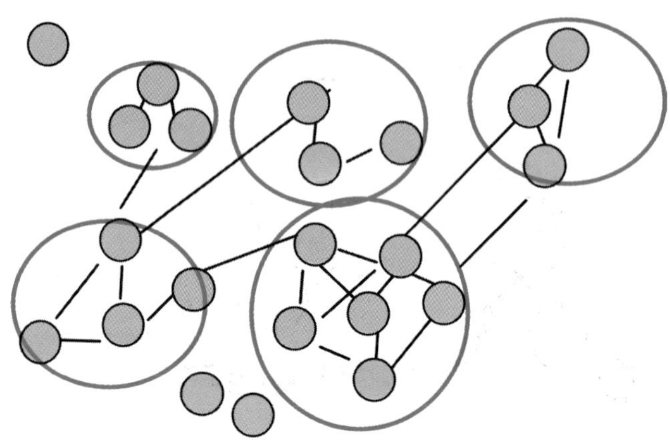

지식과 지식 간에 연계는 되어 있지만 지식에 대한 프라임 아이디어가 없으므로 자기만의 독특한 형태로 지식이 존재하는 것이 아니라고 할 수 있습니다.

Guide. 프라임 아이디어를 가진 학생과 그렇지 못한 학생은 어떠한 차이가 있을까요?

4) 프라임 아이디어 학습법

프라임 아이디어는 학습하는 모든 지식에 대해서 수립이 가능합니다. 사실 프라임 아이디어를 수립하지 않는다는 것은 그 지식을 의미도 모른 채 그냥 머릿속에 넣는 것을 말합니다. 참으로 안타까운 현상입니다. 그럼 프라임 아이디어는 어떻게 형성해 갈까요?

첫째, 새로운 지식을 만나면 일단 선언하기 바랍니다. 이는 일종의 Gut Reaction(즉각적 반응)이라고 할 수 있습니다. 내가 생각하는 그 지식의 핵심을 선언할 때 젖 먹던 힘까지 최선을 다해야겠지만 정답인지 아닌지 너무 연연하지 말기 바랍니다. 그게 그 순간에 내가 가지는 실력이기 때문입니다.

둘째, 내가 선언한 지식(암묵지)을 적어 보세요. 즉, 명시지로 써 보는 것입니다. 아마도 새로운 뭔가 이상한 것을 느낄 수도 있습니다.

셋째, 관련된 키워드들을 나열해 봅니다. 지금 내가 배우고 있는 지식과 관련된 키워드들이 있을 것입니다.

넷째, 키워드들을 나열하면 키워드 간에 공통점이 발견될 것입니다.

다섯째, 이러한 내용을 반영하여 두 번째 버전의 프라임 아이디어를 선언하기 바랍니다.

여섯째, 이제 새로운 프라임 아이디어를 동료들의 것과 비교해 보기 바랍니다. 자신의 프라임 아이디어의 한계와 장점이 동시에 보이기 시작할 것입니다.

일곱째, 장단점을 반영하여 세 번째 프라임 아이디어를 선언하기 바랍니다. 뭔가 다듬어진 프라임 아이디어를 만나는 행운이 있을 수 있습니다.

여덟째, 교수님이나 전문가의 조언을 구해 보기 바랍니다. 한 층 수준 높은 프라임 아이디어를 만날 수도 있습니다.

아홉째, 최종의 프라임 아이디어를 정리하고 필요시 이 과정을 반복하기 바랍니다.

열째, 이상의 변화 과정을 2차 노트에 정리하기 바랍니다.

다음은 프라임 아이디어 학습을 경험한 학생의 후기입니다.

"이번 주 주제로는 교수님께서 언급해 주신 프라임 아이디어에 대해 적어 보고자 한다. 교수님께서는 프라임 아이디어를 만들게 되면 '내가 새롭게 배우는 개념에 대해 관점의 변화가 나타나게 되고, 이를 작동해서 밖으로 도출하면 나만의 의견, 관점, 견해'가 된다고 말씀해 주셨다.

나 역시도 프라임 아이디어를 만드는 과정에서 지식에 대해 관점의 변화가 나타났고, 지식에 대한 나만의 의견, 관점을 많이 만들 수 있었다.

대표적인 예시로 '학습동기'에 대해 언급하고자 한다. 처음 교수님의 수업을 통해서 학습동기를 들었을 때는, 개념에 대해 쉽게 갈피를 잡지 못했고 이해하는 데 어려움을 겪었다.

그러나 학습동기에 대한 프라임 아이디어(ARCS 모델, 12가지 요소를 활용해서 학습자들의 학습행동의 방향과 세기를 설명하는 것이다)를 한 번 설정하고 나니까 다음 수업에서 학습동기가 언급되었을 때는 절대 헷갈리는 일이 없었다.

이는 교수님의 프라임 아이디어를 듣고 내 프라임 아이디어를 수정 보완하여 '나만의 프라임 아이디어'를 만든 덕분이라고 생각했다. 이처럼 프라임 아이디어는 수업 시간에 배운 지식, 개념을 나만의 관점으로 변화시켜서 이해하는 데 정말 많은 도움을 줄 수 있다는 것을 다시 한 번 파악할 수 있었다."

Guide. 나만의 프라임 아이디어 학습방법을 적어 보세요.

2. 현장 문제중심학습

1) 왜 현장이 중요한가

저자는 대학생 여러분에게 현장 문제중심학습(Workplace Problem Based Learning: WPBL)을 소개합니다. 여러분은 고등학교 때까지 교과 내용의 지식이 현장에 어떻게 관련되어 있는지 잘 모르는 상황에서 수능 대비라는 취지하에 열심히 공부했을 것입니다. 그 많은 내용을 제대로 이해할 틈도 없어 공부하느라 힘들었을 것입니다.

하지만 대학에서 더 이상 그것을 반복할 필요는 없습니다. 여러분이 원하는 학점만큼만 수강신청을 하고 각 과목의 내용을 자신의 것으로 만들어 가는 연습을 하기 바랍니다. WPBL은 여러분의 학습속도를 존중합니다. 다른 학생을 이기겠다는 무분별한 경쟁의식을 내려놓고 내용 하나하나를 여러분이 살고 있는 삶의 현장의 문제들과 연계하여 이해하려고 노력하기 바랍니다. 삶의 현장은 나의 학습의 토대입니다.

- 지식을 배우며 끊임없이 나의 삶과 관련시켜 본다.
- 내가 당면하는 문제를 유심히 관찰하자.
- 그럼 교과서의 지식이 생생하게 나의 머릿속에 살아난다.

현장이라고 해서 그것이 반드시 기업의 현장을 말하는 것이 아닙니다. 아침에 일어나서 등교하고 수업하고 친구들과 놀고 동아리 활동을 하는 등 이 모든 것이 여러분의 현장입니다. 여러분이 지금 배우는 지식들은 가깝게 또는 멀게 이 현장들과 관계가 있습니다. 끊임없이 여러분들에게 다가오는 문제들을 도전적으로 돌파하면서 잘 모르겠다고 느낄 때 그것이 바로 문제인식의 시작입니다. 문제가 인식되기 시작하면 전공교재의 지식이 생생하게 나의 머릿속에 살아나기 시작할 것입니다.

생활과 교실과 업무 현장이 미래 시대에는 통합되어 갈 것입니다. 지금도 수많은 사람이 재택근무를 하면서 통합된 환경 속에서 업무를 하고 있습니다. 학습도 이제 그러한 통합된 현장에서 맥락을 가지고 발생해야 합니다. 그러기 위해서는 여러분이 주변의 모든 문제를 무심히 넘기지 말고 하나하나 저 문제가 왜 발생하지 하는 마음으로 문제를 구체화하려고 노력해야 합니다. 그 과정에서 새로운 지식에 맥락을 부여하게 될 것입니다.

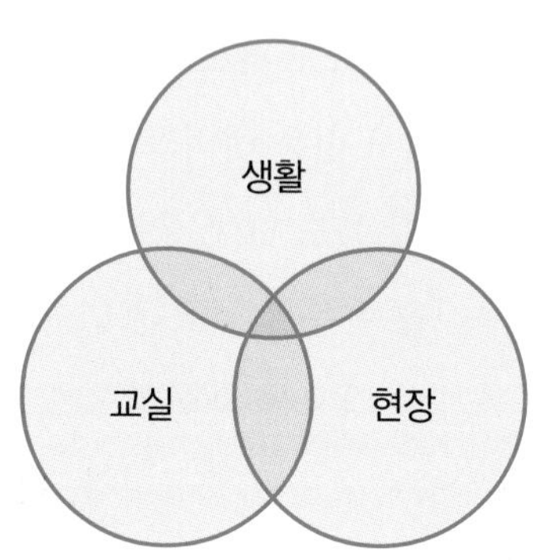

다음 그림은 WPBL을 전체적으로 소개하고 있습니다. 저자가 강조했던 문제인식은 여러분이 현장 속에서 도전(Attacking)하는 가운데 자연스럽게 시작됩니다. 그것은 곧 자기주도학습의 출발점이기도 합니다. 도전하는 젊은이는 아름답습니다. 젊은 체력과 순발력으로 끊임없이 도전하기 바랍니다.

◉ WPBL 개념도

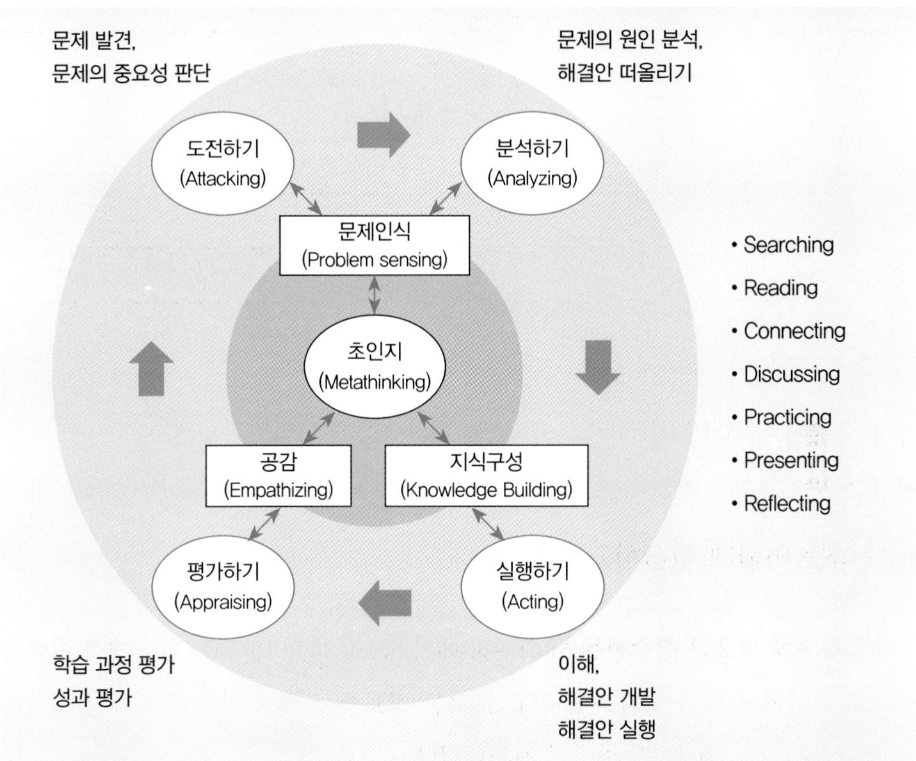

자, 이제 대학공부에 성공하는 A+ 학습자들의 전체적인 학습모델이 완성됩니다. 이러한 학습의 과정을 자기 것으로 만들어 가는 학생들은 경력개발의 과정에서도 역시 성과가 높을 것입니다. 그것이 진정한 자기주도학습이 될 것이니까요.

대학생 여러분, 왜 지난날의 잘못된 학습방법들을 탈학습해야 하는지 이해가 되는지요? 지금부터라도 하나씩 바꾸어 나가면 여러분의 충분한 노후자산으로 행복한 삶을 기대할 수 있을 것입니다.

WPBL은 실전 학습모델입니다.

여러분의 것으로 만들어 가기 바랍니다.

Guide. WPBL을 내 것으로 만들어 가기 위한 개선안을 적어 보세요.

3. 나의 학습방법

1) 나는 어떻게 학습하고 있는가

대학생에게 필요한 학습활동 SRCDPPR에서 S(searching) 활동은 학습에서 지식을 스스로 찾아가는 모습을 나타냅니다. 모르는 정보를 스스로 찾는 과정에서 자신의 기존 지식과 새로운 지식이 만나기 시작합니다.

다음 단계인 Reading에서는 일단 찾은 정보나 전공교재를 읽어야 합니다. 이때 중요한 것은 절대 속독하여 스킵하지 말라는 것입니다. 천천히 자기 속도로 생각하며 반복하여 읽는 것이 중요합니다. 혹시 모르는 단어가 나와도 바로 사전을 찾지 말고 문맥 속에서 의미를 파악하려고 하기 바랍니다.

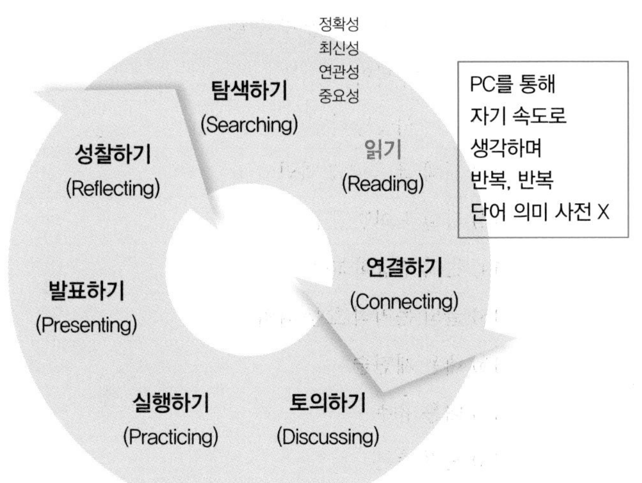

그리고 휴대폰이나 태블릿 PC로 읽기보다는 PC에서 읽기를 권장합니다. PC에서 읽으면 안정되게 시폭을 가지고 집중할 수 있습니다. 가장 좋은 방법은 책을 읽는 것입니다. 읽는 과정에서 독해력이 부족한 학생들은 독해력 향상을 위해 노력해야 합니다. 독해력 향상을 위한 사이트를 소개하니 참조하여 시도해 보기 바랍니다. www.ddakr.kr입니다.

다음은 여러분이 전공교재나 정보를 읽을 때 접하게 되는 비문학 독해의 유형들입니다. 평소에 이들 유형에 대한 훈련을 통해 나만의 독해 노하우를 발전시키기 바랍니다. www.ddakr.kr 사이트에서 참고 바랍니다.

1. 관계 파악	1) 맥락을 통한 어휘의 의미 파악
	2) 지시어를 통한 의미 파악
	3) 같은 맥락의 의미 파악
2. 핵심 추출	4) 주어, 서술어 구분
	5) 중심 화제어 파악
	6) 소주제 파악
	7) 주제 파악
	8) 요약 및 줄거리 파악

3. 구조 분석	9) 중심문장과 보조문장 구분
	10) 표지어 파악
	11) 글의 서술방식 파악
	12) 전체 글의 구조 파악
4. 논리 분석	13) 사실과 의견 구분
	14) 논리 정당화 파악
	15) 글의 논리적 흐름 파악
	16) 내용 재진술
5. 의미 추론	17) 내용 유추
	18) 관점 추론

여기에 제시된 비문학 독해의 유형들에 대해서 4차 산업혁명 시대에도 반드시 능숙하게 핵심 내용을 파악할 수 있어야 합니다. 독해력은 논리적 사고에 도움을 준다고 합니다. 영상으로만 공부한 학생들은 논리성이 떨어진다는 주장도 있습니다.

Guide. 전공교재 독해에 자신이 있나요? 자신의 Reading 전략의 강점과 개선점을 적어 보세요.

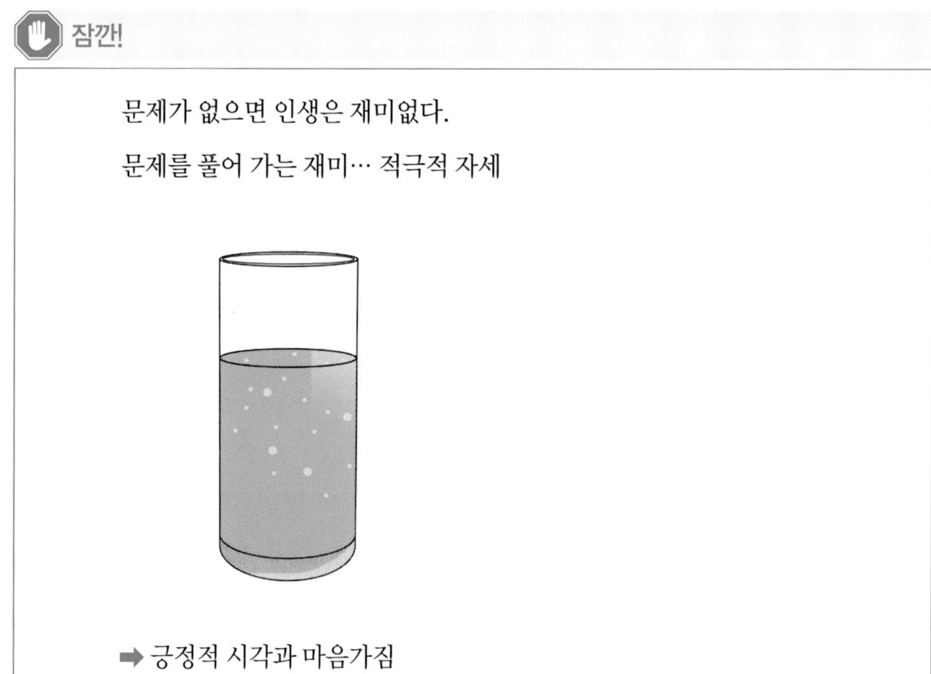

See the bright side!

이 컵에 물이 많이 남았나요? 아니면 부족한가요? 그것은 여러분이 바라보는 관점에 따라 달라질 것입니다. 여러분은 젊습니다. 순발력과 체력이 있습니다. 세상을 긍정적으로 바라보고 집중하면 반드시 원하는 경력개발에 성공할 것입니다.

모두, 파이팅!

7장

A+ 발표하기

학습 목표

1. 발표의 5국면을 설명할 수 있다.
2. 발표 내용을 구성할 수 있다.
3. PPT 장표를 디자인할 수 있다.
4. 발표의 성공 팁을 제시할 수 있다.
5. 좋은 발표의 특징을 말할 수 있다.
6. SRCDPPR에 대해 설명할 수 있다.

학습 목차

1. 발표하기의 중요성
2. WPBL과 탈학습
3. 나의 학습방법

발표는 자신의 메시지를 전달하는 행위입니다. 경력개발의 과정에서 발표를 잘하고 못하는가에 따라서 성과가 매우 달라질 수도 있습니다. 그만큼 발표는 현대 비즈니스의 필수 활동이기도 합니다. 우리나라에서 평창올림픽을 유치할 때에도 김연아 등이 성공적으로 멋진 발표를 해냈습니다.

사실 발표는 순식간에 소위 성공을 위해 주목받는 기회가 되기도 합니다. 직업에 따라서 발표 행위를 하지 않는 경우도 많지만, 지금 대학생 시절에 충분히 발표 연습을 해 두는 것이 결코 미래에 다양한 경력의 길로 가는 데 방해가 되지는 않을 것입니다.

발표를 잘하기 위해서는 내용을 충분히 파악하고, 메시지를 선택한 후 깔끔하게 전달하기 위한 파워포인트 준비, 그리고 발표 시에 복장부터 어투, 동선까지 하나하나 준비할 필요가 있습니다.

Guide. 자신이 하는 발표의 장점과 단점을 적어 보세요.

1. 발표하기의 중요성

1) 발표의 목적

발표는 왜 중요할까요? 간단히 말해서 발표하기는 여러분의 경력개발에서 날개를 달아 줄 수 있는 핵심 역량입니다. 발표를 못해도 일만 잘하면 된다는 생각도 할 수 있습니다. 그러나 일은 당연히 잘해야 하고, 거기에 발표까지 잘하면 여러분의 가치는 높아질 것입니다.

◉ 발표하기의 중요성

1. 자기를 드러내는 소중한 기회
2. 발표를 통한 지위 상승 기회
3. 원하는 목적을 달성하는 기회
4. 자기 지식을 재정립하는 기회

대학생으로서 발표하기를 중요하게 생각하고 연마하기 바랍니다. 차별성 있는 멋있는 여러분만의 경력개발을 위해 대학 4년을 소중히 활용하기 바랍니다. 발표를 하는 목적은 다양합니다. 여러분은 발표의 목적에 맞는 발표 역량을 갖추어 갑시다.

◉ 발표의 목적

1. 주장 설득
2. 정보 제공
3. 이해 전달
4. 감정 전달
5. 혼합

대학생으로서 WPBL에서는 발표의 기회가 많을 것입니다. 그때마다 주저주저하고 발표를 꺼려 한다면 그만큼 자기 발전의 기회를 놓치는 것입니다. 비싼 대학 등록금을 내고 대학에 다니고 있습니다. 발표를 하지 않으며 혼자서 독서실에 앉아서 암기만 하는 방식의 학습을 하려면 대학에 올 필요가 없을 것입니다.

Guide. 자신이 발표하기를 주저하는지 성찰하고 개선 방안을 적어 보세요.

____

____

____

____

____

____

2) 발표의 국면

좋은 발표를 위해서는 체계적으로 준비해야 합니다. 저자는 다섯 단계를 제안합니다.

1. 조건 파악 국면
2. 기획 및 설계 국면
3. 개발 국면
4. 실행 국면
5. 발표 평가 국면

(1) 제1국면: 조건 파악 국면

1. 청중 기대 태도	?
2. 발표 시간	10분
3. 질의응답 시간 여부	3분
4. 매체 · 시설 환경	전자칠판 사양 미흡으로 작은 글자는 식별이 어렵다.
5. 발표자 역량	발표자의 발표 경험이 많지 않다.
6. 기타 특이사항	1초만 넘어도 발표 점수가 zero이다.

제1국면은 조건 파악 국면입니다. 왜 이 발표를 해야 하는지 파악하고, 누구를 대상으로 하는지, 그리고 발표 상황은 어떤지 등을 파악합니다. 발표 시간은 특히 중요한데 비즈니스 상황에서는 1초만 지나도 중단시키는 경우도 있습니다.

또한 내용 발표 시간과 추가로 질의응답 시간이 얼마나 주어지는지를 파악하는 것도 중요합니다. 발표자가 청중에게 깔끔하게 발표하는 인상을 주면서 원하는 목적을 달성하려면 내용 제시 파트와 질의응답 사이에 조화를 이루는 것이 필요합니다.

나아가 발표장에서 화면과 청중과의 거리도 중요합니다. 거리가 너무 멀면 글자 사이즈가 작은 경우에 청중들이 화면의 내용을 파악하기 어렵기 때문입니다. 또한 발표대가 왼쪽, 오른쪽, 아니면 중앙에 있는지도 살펴야 합니다. 발표자가 직접 노트북을 조작할 수 있는지, 아니면 원격으로 화면을 넘겨야 하는지에 따라서 동선이 달라질 수도 있습니다. 사용되는 파워포인트 버전, 마이크, 스피커 기능 등도 확인해야 합니다.

Guide. 조건 파악 국면에서 할 일을 적어 보세요.

(2) 제2국면: 기획 및 설계 국면

대학수업에서는 주로 내용 이해를 동료들에게 전달하거나 교수님께 자신의 실력을 평가받기 위해서 발표하므로 그에 따른 목적을 확인하는 것이 우선입니다. 그다음에는 목적에 맞도록 내용 키워드를 선정하고, 키워드들을 종합적으로 검토하여 그날 발표의 핵심 프라임 아이디어를 결정하는 것이 중요합니다. 즉, 발표 전체를 좌우하게 될 프라임 아이디어는 매우 잘 다듬어서 결정해야 합니다. 그 이후에 조용한 곳에서 전체 발표의 흐름에 따라 초안을 작성하고 내용을 구성합니다.

1. 목적 확인	2. 키워드 나열	3. 프라임 아이디어 도출	4. 내용 흐름 초안 작성	5. 목차 구성
- 설득 주장	- 주요 아이디어	- 가장 큰 아이디어	- 조용한 곳에서	- 서론, 본론, 결론
- 정보 제공	- 청중 요구 기대	- 아이디어 관계	- 집중하여	- 대제목, 중제목, 소제목
- 이해 전달	- 주요 FACTS		- 처음부터 끝까지	- 추가 위계 필요성 파악
- 감정 전달	- 주요 주장			
- 혼합	- 주요 사례			

목적 확인 단계에서 제안 발표, 연구 보고, 수업 발표, 격려사, 선거유세 등 다양한 목적을 확인합니다. 단순히 학습한 내용을 알려 주는 정도의 발표라면 동료 학생들에게 내용 이해가 잘되도록 하는 수준에서 충분합니다. 그러나 수업이 점차 현장의 비즈니스 환경처럼 변화되면서 마치 기업에서 아이템을 제안하는 것처럼 발표를 해야 할 경우도 있을 것입니다. 발표의 목적이 다른 것입니다. 이런 경우에는 어떻게 설득을 해야 성공할까를 준비해야 합니다.

1. 목적 확인	2. 키워드 나열	3. 프라임 아이디어 도출	4. 내용 흐름 초안 작성	5. 목차 구성

- 설득 주장: 제안 발표(공모전 제안, 사업 제안)
- 정보 제공: 연구 보고, 벤치마킹 보고
- 이해 전달: 수업 발표, 동료 티칭
- 감정 전달: 격려사, 선전선동
- 혼합: 선거유세

키워드 나열이란 발표되는 파워포인트 내용에 포함될 키워드를 선정하는 것입니다. 발표의 목적에 가장 적합한 키워드들을 선정하는 것이 중요하므로 내용을 발표자 본인이 충분히 숙지해야 합니다. 다음의 사례에서는 발전요인, 미래환경, 국제관계, 경쟁력 등의 키워드를 도출하고 있는데, 이것들은 주요 아이디어, 청중이 요구하는 기대사항, 주요 사실, 주요 주장, 그리고 그에 관련된 주요 사례 등을 포함하는 것입니다.

1. 목적 확인	2. 키워드 나열	3. 프라임 아이디어 도출	4. 내용 흐름 초안 작성	5. 목차 구성

- 주요 아이디어 - 청중 요구 기대 사항 - 주요 Facts - 주요 주장 - 주요 사례	발전요인, 미래환경, 국제관계, 경쟁력, 인구 감소, 부존자원, 교육의 질, 워라벨, MZ세대, 리더십, 민주주의, HRD 시스템, 출산율, 1인 가구, 생산성, 근무시간

다음으로 프라임 아이디어를 도출해야 합니다. 이번 발표에서 가장 강조하고 싶은 핵심 아이디어로서 발표 전체를 관통하여 청중들에게 강하게 어필하고 싶은 아이디어라고 생각하면 됩니다. 다음 사례에서는 국민의 우수성, 교육의 질 두 가지를 프라임 아이디어로 선정하고 있습니다.

1. 목적 확인	2. 키워드 나열	3. 프라임 아이디어 도출	4. 내용 흐름 초안 작성	5. 목차 구성

- 가장 큰 아이디어
- 아이디어 관계

국민의 우수성, 교육의 질

이제 내용의 초안을 작성합니다. 제1장에서 리포트를 작성할 때와 마찬가지로 조용한 곳에 앉아서 빠른 속도로 자신이 알고 있는 것을 총동원하여 처음부터 끝까지 한 번 작성해 보는 것입니다. 맞고 틀리고 하는 것을 신경 쓰지 말고 일단 자신이 알고 있는 것을 자신의 흐름대로 적어 보는 것이 중요합니다. 이때 처음부터 너무 완벽하게 하려고 할 필요가 없습니다. 그러면 오히려 자신의 창의적 아이디어가 도출되기 어렵습니다.

1. 목적 확인	2. 키워드 나열	3. 프라임 아이디어 도출	4. 내용 흐름 초안 작성	5. 목차 구성

- 조용한 곳에서
- 집중하여
- 처음부터 끝까지

한국 경제의 기본 힘은 인적자원 수준이다. 개발도상국 단계에 필요했던 인적자원 역량이 더 이상 4차 산업혁명 시대에는 적합하지 않을 수 있다. 따라서 한국 경제의 발전을 위해서는 사회 전체적인 인간자원개발시스템을 혁신해 나가는 것이 시급하다. 유치원부터 대학, 그리고 그 이후의 교육에 이르기까지 다양성과 창의성이 향상될 수 있는 교육 시스템의 정착이 필요하며, 이를 위해 교육 현장의 실제를 내실화할 필요가 있다.

위의 사례를 보면 초안을 가능한 한 문장으로 만들고 있습니다. 저자의 경험에 비추어 보면 일단 문장으로 만들어 보는 것이 중요합니다. 내용과 내용 간에 일정한 흐름이 발생하여 연결이 잘 되는지 파악하는 데 도움이 되기 때문입니다.

다음 단계는 목차의 구성입니다. 목차란 실제로 청중들에게 보여지는 것이기 때문에 구체적으로 흐름이 보이도록 하는 것이 좋습니다. 다음 사례에서는 앞에서 나열했던 키워드들을 관련 내용끼리 그룹화하고, 그룹 간에 순서를 부여하고 있습니다.

즉, 인적자원 수준, 4차 산업혁명 시대, HRD 시스템, 평생교육체제, 교육의 내실화라는 그룹화가 보입니다. 그다음에 각 그룹에 해당하는 하위 키워드들을 배정하고 전체 흐름이 보이도록 하고 있습니다.

여기서 중요한 것은 키워드들을 큰 그룹, 중간 그룹, 소그룹으로 나누어 보는 것입니다. 이때 큰 그룹이 중간 그룹 키워드들의 목차로 사용되게 됩니다. 예를 들어, 인적자원수준이라는 큰 그룹의 이름은 국민의 우수성, 역동성, 경쟁의식이라는 중간 그룹 키워드들의 제목으로 사용되어 전체 목차의 일부가 되는 것입니다. 다음의 사례를 참조하기 바랍니다.

1. 목적 확인	2. 키워드 나열	3. 프라임 아이디어 도출	4. 내용 흐름 초안 작성	5. 목차 구성

- 서론, 본론, 결론
- 대제목, 중제목, 소제목 위계 구성
- 추가 위계 필요성 파악

인적자원 수준
- 국민의 우수성, 역동성, 경쟁의식

4차 산업혁명 시대
- 창의성, 다양성, 인간미

HRD 시스템
- 현장 역량 향상 중심, 교수-학습방법의 개선

평생교육체제
- 인구 부족에 따른 조기 전력화, 노령인구 활용, 여성인력 활용

교육의 내실화
- 학습자 중심의 교육 모델 구체화
- 교수자의 역량 강화
- 대학교수의 교수법 향상
- 교사의 열정과 관심 향상
- 학습자 이해 중심의 교육 프로세스
- 절대평가 실시

위의 사례를 보면 목차가 제시되어 있는데 뭔가 갑갑한 느낌일 것입니다. 그 이유는 제목과 제목 간에 적절한 간격으로 구분되지 않았기 때문입니다. 또 내용 흐름의 순서감도 느껴지지 않습니다. 그런데 다음의 사례를 보기 바랍니다. 제목과 제목 간의 사이에 공간을 배치하고 각 제목 앞에 숫자를 부여하니 훨씬 가독성이 높아지는 것을 알 수 있습니다.

1. 목적 확인	2. 키워드 나열	3. 프라임 아이디어 도출	4. 내용 흐름 초안 작성	5. 목차 구성

- 서론, 본론, 결론
- 대제목, 중제목, 소제목 위계 구성
- 추가 위계 필요성 파악

1. 인적자원 수준
- 국민의 우수성, 역동성, 경쟁의식

2. 4차 산업혁명 시대
-창의성, 다양성, 인간미(대외적 환경 언급)

3. HRD 시스템
- 현장 역량 향상 중심, 교수-학습방법의 개선

4. 평생교육체제
-인구 부족에 따른 조기 전력화, 노령인구 활용, 여성인력 활용

5. 교육의 내실화
- 학습자 중심의 교육 모델 구체화
- 교수자의 역량 강화
- 대학교수의 교수법 향상
- 교사의 열정과 관심 향상
- 학습자 이해 중심의 교육 프로세스
- 절대평가 실시

일단, 부여된 숫자의 순서대로 전체를 읽어 보기 바랍니다. 발표자는 계속 내용의 흐름을 점검하고 있어야 합니다. 그 결과 다음의 사례에서는 2번을 1번 위로 올렸습니다. 즉, 4차 산업혁명 시대를 먼저 제시하고 인적자원 수준을 제시하는 것이 청중들의 이해를 좀 더 높일 것으로 판단한 것입니다. 이렇게 청중들의 머릿속 이해 과정을 파악하려고 애쓰는 것이 중요합니다. 뭔가 발표의 흐름이 드러나고 있는 것을 느낄 수 있을 것입니다.

1. 목적 확인	2. 키워드 나열	3. 프라임 아이디어 도출	4. 내용 흐름 초안 작성	5. 목차 구성

- 서론, 본론, 결론
- 대제목, 중제목, 소제목 위계 구성
- 추가 위계 필요성 파악

2. 4차 산업혁명 시대
-창의성, 다양성, 인간미(대외적 환경 언급)

1. 인적자원 수준
- 국민의 우수성, 역동성, 경쟁의식

3. HRD 시스템
- 현장 역량 향상 중심, 일-업무-학습의 통합화

4. 평생교육체제
-인구 부족에 따른 조기 전력화, 노령인구 활용, 여성인력 활용

5. 교육의 내실화
- 학습자 중심의 교육 모델 구체화
- 교수자의 역량 강화
- 대학교수의 교수법 향상
- 교사의 열정과 관심 향상
- 학습자 이해 중심의 교육 프로세스
- 절대평가 실시

이제 목차의 순서를 최종적으로 결정하는 것만 남았습니다. 발표자는 자신이 구성한 내용의 흐름을 몇 번이고 반복하여 읽고, 또 필요시 동료들에게 보여 주며 피드백을 듣는 것이 중요합니다. 발표자 입장에서는 타당한 흐름 같지만 동료의 입장은 청중과 같이 다른 흐름을 기대할 수도 있기 때문이다.

주어진 사례의 목차를 읽는 과정에서 발표자가 원래 강조하고자 했던 프라임 아이디어를 어떻게 전개할 것인지 계속 생각하는 것이 중요합니다. 즉, 모든 목차의 내용이 프라임 아이디어라는 핵심 사항을 중심으로 연계되어 청중에게 강조되어야 하기 때문입니다. 이것을 흔히 메인 메시지라고도 할 수 있습니다.

발표자는 다음과 같이 최종 목차를 구성하였습니다. 개요와 결론을 추가하고, 전체의 목차를 다시 1번부터 7번까지로 부여하여 흐름을 확정한 것입니다. 아마도 이

발표자는 이 순서로 하는 것이 자신의 프라임 아이디어를 강조하는 데 가장 적합한 내용의 흐름이라고 생각하고 있을 것입니다.

1. 개요

2. 4차 산업혁명 시대 인재상
– 창의성, 다양성, 인간미(대외적 환경 언급)

3. 인적자원 수준
– 국민의 우수성, 역동성, 경쟁의식

4. HRD 시스템 혁신
– 현장 역량 향상 중심, 일–업무–학습의 통합화

5. 평생교육체제
– 인구 부족에 따른 조기 전력화, 노령인구 활용, 여성인력 활용

6. 교육의 내실화
– 학습자 중심의 교육 모델 구체화
– 교수자의 역량 강화
– 대학교수의 교수법 향상
– 교사의 열정과 관심 향상
– 학습자 이해 중심의 교육 프로세스
– 절대평가 실시

7. 결론

Guide. 기획 및 설계 국면에서 할 일을 적어 보세요.

---

(3) 제3국면: 개발 국면

기획 및 설계 국면이 마무리되면 이제부터는 발표 자료 개발에 들어갑니다. 현재 파워포인트가 많이 사용되고 있으나 다른 다양한 발표 소프트웨어도 사용할 수 있습니다. 개발 국면에서는 다음과 같은 순서로 진행하면 효율적입니다.

1. 용어 선정, 표현 특징, 특이한 시청각 자료
2. 파워포인트의 기본 구도, 색상
3. 내용 배치
4. 디자인 objects 삽입, 특이한 시청각 자료
5. 하이라이트 포인트 파악

우선, 용어 선정 시 청중의 특징에 맞게 그들이 쉽게 이해할 수 있는 용어들을 골라 봅니다. 그리고 표현을 할 때에도 청중들의 경험에 익숙하거나 부담없는 표현을 사용하여 거부감을 최소화합니다. 나아가 발표 시에 활용하고자 하는 시청각 자료들을 확보하여 발표 자체가 청중에게 다가갈 수 있도록 준비합니다. 이러한 것은 모두 청중들의 몰입을 끌어내기 위한 임팩트 계획이라고 할 수 있습니다.

1. 용어 선정, 표현 특징, 특이한 시청각 자료 ← **임팩트 계획**

다음에는 파워포인트 전체의 구도를 생각하고 색상 활용 계획을 수립합니다. 파워포인트 발표 자료 하나하나를 장표라고 할 수 있는데, 어떤 장표에 어떠한 배경을 배치할 것인지 가독성 및 주목성을 고려하여 결정합니다. 이러한 디자인 템플릿은 본인이 자체 제작할 수도 있지만, 이미 파워포인트에서 제공하는 틀을 사용할 수도 있습니다. 필요시 상업용을 구매해서 효과를 높일 수도 있습니다. 디자인 템플릿의 구성 자체도 중요하지만 그것을 표현하는 색상의 선정에서도 메시지 전달이 잘 되므로 청중들이 선호할 수 있도록 신경 써야 합니다.

1. 용어 선정, 표현 특징, 특이한 시청각 자료 ← 임팩트 계획

2. 파워포인트의 기본 구도, 색상

– 디자인 템플릿

– 자체 제작

– 색상 배경

다음은 파워포인트 자체에서 제공하는 템플릿 예시입니다.

이제 내용을 배치해야 합니다. 내용을 배치할 때는 시각디자인의 4대 원리를 고려하는 것이 좋습니다.

1. 용어 선정, 표현 특징, 특이한 시청각 자료 ← **임팩트 계획**
2. 파워포인트의 기본 구도, 색상
3. **내용 배치**

근접의 원리는 유사한 속성을 가진 것끼리 근접하게 배치하는 것입니다. 정렬의 원리는 시각적으로 연결성을 갖도록 배치하는 것입니다. 반복의 원리는 같은 형태로 반복하는 것입니다. 대조의 원리는 보는 사람에게 주목이 잘 되도록 하여 흥미를 높이는 것입니다.

첫째, 근접의 원리의 예시입니다.

◉ 시각디자인의 4대 원리

유사한 속성을 가진 것끼리 근접하게 배치하는 것

목적: 정보를 **조직화**하여 보여 주고자 함

즉, 정보를 조직화하여 보여 주고자 할 때 사랑과 love, 고양이와 cat, 평화와 peace의 유사한 내용의 정보를 가까이 묶어 제시함으로써 읽기 쉽고 기억에도 도움이 되도록 하는 것입니다.

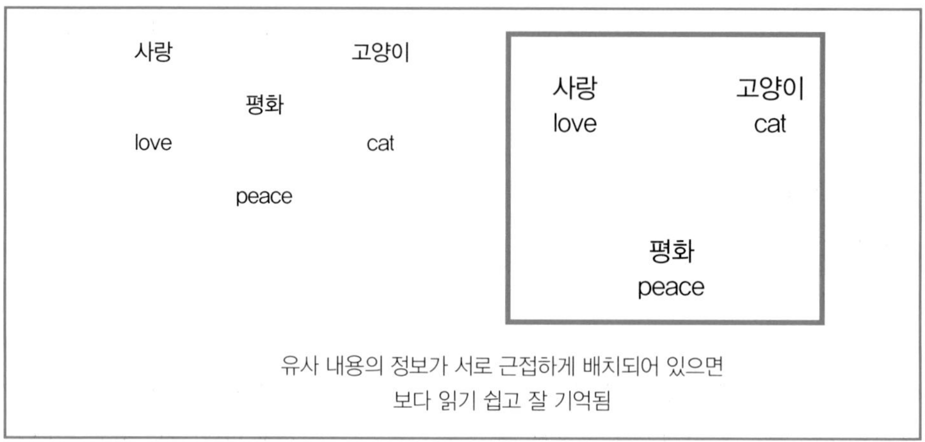

둘째, 정렬의 원리의 예시입니다.

◉ 시각디자인의 4대 원리

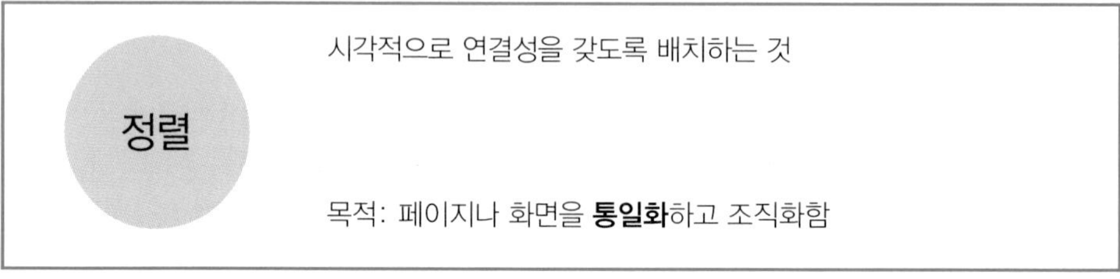

즉, 장표에 제시되는 내용이 보여지는 모습을 통일화하고 조직화함으로써 가독성을 높이는 것입니다. 다음의 한글 정렬 방법들 중 가장 가독성이 높은 것을 본인 스스로 생각해 보기 바랍니다.

한국 경제의 기본 힘은 인적자원 수준이다. 개발도상국 단계에서 필요했던 인적자원 역량이 더 이상 4차 산업혁명 시대에는 적합하지 않을 수 있다. 따라서 한국 경제의 발전을 위해서는 사회 전체적인 인간자원개발 시스템을 혁신해 나가는 것이 시급하다.	한국 경제의 기본 힘은 인적자원 수준이다. 개발도상국 단계에서 필요했던 인적자원 역량이 더 이상 4차 산업혁명 시대에는 적합하지 않을 수 있다. 따라서 한국 경제의 발전을 위해서는 사회 전체적인 인간자원개발 시스템을 혁신해 나가는 것이 시급하다.	한국 경제의 기본 힘은 인적자원 수준이다. 개발도상국 단계에서 필요했던 인적자원 역량이 더 이상 4차 산업혁명 시대에는 적합하지 않을 수 있다. 따라서 한국 경제의 발전을 위해서는 사회 전체적인 인간자원개발 시스템을 혁신해 나가는 것이 시급하다.	한국 경제의 기본 힘은 인적자원 수준이다. 개발도상국 단계에서 필요했던 인적자원 역량이 더 이상 4차 산업혁명 시대에는 적합하지 않을 수 있다. 따라서 한국 경제의 발전을 위해서는 사회 전체적인 인간자원개발 시스템을 혁신해 나가는 것이 시급하다.
가운데 정렬	**양쪽 혼합 정렬**	**왼쪽 정렬**	**오른쪽 정렬**
가장 가독성이 높은 정렬은 무엇인가?			

셋째, 반복의 원리의 예시입니다. 즉, 장표에 제시되는 내용을 반복해 줌으로써 내용의 제시에 일관성이 느껴지게 하는 것입니다. 다음의 예시에서 진한 글씨체를 1장, 2장, 3장, 4장의 순서로 반복함으로써 일관성을 느끼게 하고 있습니다.

◉ 시각디자인의 4대 원리

반복	같은 형태로 반복하는 것 목적: **일관성**을 갖도록 하는 것

1장 교수매체
1. 정의
2. 기능
3. 종류

2장 문자 정보 설계
1. 타이포 그래피
2. 글자체/글자 크기
3. 컴퓨터 화면의 문자 정보
4. 문자 중심의 그래픽 디자인 원리

3장 그래픽 정보 설계
1. 시각화 능력/시각화 사고
2. 삽화
3. 그래프
4. 정보의 시각화
5. 도표

4장 멀티미디어 개발
1. 인쇄 교재 개발
2. 투사물 자료 개발

진한 글씨체, 선, 점의 사용,
공간의 배치 등에 있어
동일한 형태 유지, 반복

넷째, 대조의 원리의 예시입니다.

◉ 시각디자인의 4대 원리

정보를 보는 사람의 시각적 흥미를 더해 줄 수 있는 방법

목적: 중요한 개념을 **충분히 크게 강조하여 제시**

즉, 특정 내용이 보다 주목을 받을 수 있도록 강조하는 방법이라고 할 수 있습니다. 다음 두 그림 중에서 어느 것이 더 주목을 끌게 되는지 생각해 보기 바랍니다. 즉, 중요한 개념을 충분하게 강조하는 것이 중요합니다.

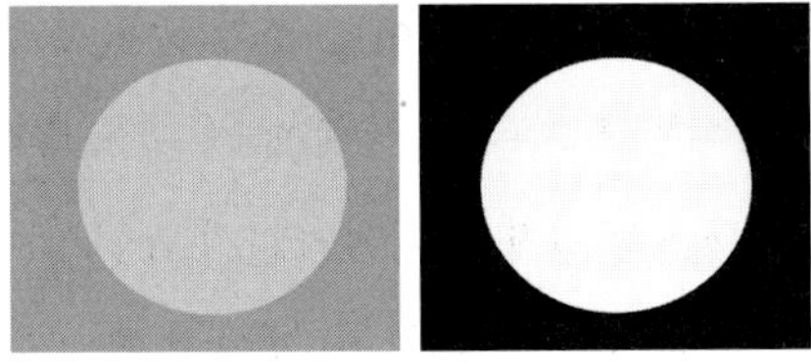

대조가 잘된 다음의 사례를 참조하여 장표에서 어떻게 대조의 원리를 활용할 것인지 생각해 보기 바랍니다.

내용 배치가 완료되면 청중들에게 보다 강한 임팩트를 주기 위해서 다양한 디자인 객체나 특이한 시청각 자료를 포함하여 내용을 좀 더 쉽게 그리고 기억에 남도록 도와줄 수 있습니다.

1. 용어 선정, 표현 특징, 특이한 시청각 자료
2. 파워포인트의 기본 구도, 색상
3. 내용 배치
4. **디자인 objects 삽입, 특이한 시청각 자료**

디자인 객체(object)는 다양하게 사용할 수 있으나 너무 많은 객체를 사용하면 오히려 혼란을 줄 수도 있으므로 조심해야 합니다. 내용을 처음부터 읽어 보면서 기본 배치를 확인한 후에 어느 내용을 제시할 때 어떠한 디자인 객체를 함께 제시할 것인지 판단해 봅니다.

특이한 시청각 자료들은 평상시에 모아 두었다가 활용하면 좋습니다. 이때 저작권에 유의해야 합니다. 유료 사이트에서 구입하는 것이 좋지만, 너무 비싼 경우에는 경제적으로 부담되므로 무료 사이트를 자주 검색해 보는 것도 좋습니다. 단, 이 경우에도 허용된 저작권의 라이센스 사용 범위가 어디까지인지 확인하는 것이 좋습니다.

이때 다음의 사례에서처럼 목차를 처음부터 읽어 가면서 어느 부분에서 어떠한 디자인 객체나 특이한 시청각 자료를 포함할 것인지를 결정하는 것이 좋습니다. 전체 흐름 속에서 디자인 객체나 특이한 시청각 자료가 어떠한 기능을 해야 하는지 파악할 수 있기 때문입니다.

1. 개요

2. 4차 산업혁명 시대 인재상
- 복잡한 변동의 시대
- 창의성, 다양성, 인간미

3. 인적자원 수준
- 국민의 우수성
- 역동성
- 경쟁의식

4. HRD 시스템 혁신
- 현장 역량 향상 중심
- 일-업무-학습의 통합화

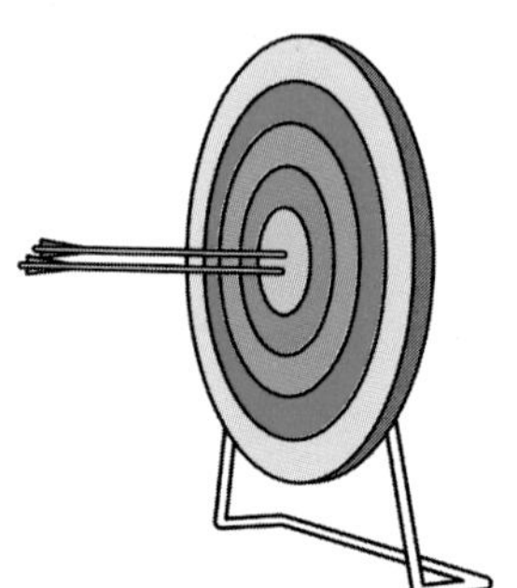

5. 평생교육체제
- 인구 부족에 따른 조기 전력화
- 노령인구 활용
- 여성인력 활용

6. 교육의 내실화
- 학습자 중심의 교육 모델 구체화
- 교수자의 역량 강화
- 대학교수의 교수법 향상
- 교사의 열정과 관심 향상
- 학습자 이해 중심의 교육 프로세스
- 절대평가 실시

7. 결론

다음은 개발 국면의 최종 마무리입니다. 발표 전체에서 어느 시점에 어떠한 강조를 할 것인지 하이라이트 포인트를 파악하는 것입니다.

1. 용어 선정, 표현 특징, 특이한 시청각 자료
2. 파워포인트 기본 구도, 컬러
3. 내용 배치
4. 디자인 objects 삽입, 특이한 시청각 자료
5. **하이라이트 포인트 파악**

하이라이트 포인트를 파악할 때 역시 다음의 사례에서처럼 목차를 처음부터 읽어가면서 어느 부분에서 어떠한 방식으로 하이라이트를 할 것인지 표시를 하고, 해당 장표 구성을 합니다. 그리고 실제 발표 시에는 하이라이트가 잘 되도록 잊지 않고 실행합니다.

1. 개요

2. 4차 산업혁명 시대 인재상 
- 복잡한 변동의 시대
- 창의성, 다양성, 인간미

3. 인적자원 수준
- 국민의 우수성
- 역동성
- 경쟁의식

4. HRD 시스템 혁신
- 현장 역량 향상 중심
- 일–업무–학습의 통합화

5. 평생교육체제
- 인구 부족에 따른 조기 전력화
- 노령인구 활용
- 여성인력 활용

6. 교육의 내실화
- 학습자 중심의 교육 모델 구체화
- 교수자의 역량 강화
- 대학교수의 교수법 향상
- 교사의 열정과 관심 향상
- 학습자 이해 중심의 교육 프로세스
- 절대평가 실시

7. 결론

앞의 사례에서는 4차 산업혁명 시대 인재상에서 하이라이트를 표시하여 강조할 것임을 보여 주고 있고, 그리고 마무리 교육의 내실화 부분에서 더 강하게 강조할 것임을 시사하고 있습니다.

이제 학생들이 제출한 발표 자료의 실제 사례를 보고 어느 부분을 개선해야 할지 각자 생각해 봅시다. 다음의 〈사례 1〉의 경우에는 발표일자가 가장 중요한 것처럼 맨 위에 올라와 있습니다. 그리고 내용은 관계 없는 내용들 간의 구분도 없습니다. 아마도 파워포인트 표지를 처음 작성해 보는 학생의 사례 같습니다.

사례 1

2022.06.14

문자해득교육론 (송상호 교수님) – 개인 PT

CHAPTER 03. 비문해학습자의 이해

2. 문해학습자의 특성 ~ 3. 문해학습자의 자아형성

- 세계로 가는 OOOO과
- 202200000 홍길동

다음은 〈사례 2〉입니다. CHAPTER 5, 자기주도학습적 견해, 그리고 그 아래의 텍스트들이 가독성이 높게 배열되어 있는지 점검해 보고 개선안을 생각해 보기 바랍니다.

사례 2

CHAPTER 5

자기주도학습적 견해

< 문해교육과 자기주도적 학습 >

노인들의 디지털 문해 문제

송상호 교수님
2022.06.14.

'세계로 가는' 교육공학과
2222222 홍길동

〈사례 1〉과 〈사례 2〉의 경우에 공통적인 아쉬움은 발표자가 담고자 하는 정보들을 그냥 담아내는 데 그친 것 같다는 점입니다. 청중에게 어떻게 효과적으로 메시지를 전달하여 자극을 줄 것인지에 대한 내용 배치가 미흡해 보입니다.

Guide. 〈사례 1〉과 〈사례 2〉의 개선점을 적어 보세요.

이에 비해 〈사례 3〉을 살펴보기 바랍니다. 눈에 보다 쉽게 다가오는지요? 어떠한 원리가 반영되어 있을까요?

사례 3

문해학습자 참여 유형

호울

-목표지향형 : 교육을 목표달성의 수단으로 생각한다.
학습활동을 방법이나 기관에 국한 시키지 않고 목적에 의해서만 참여
- 활동지향형 : 우선적으로 활동 그 자체에 의미를 두며 활동을 위하여 참가한다
배우자를 찾기 위해,불행한 직업,가정 생활을 탈피하기 위하여 참여
- 학습지향형 : 학습 자체를 추구한다.
학습을 통하여 성장하려는 욕구를 지녔다.

+각기 다른 목적을 지니고 있지만 어느 하나도 완전히 하나의 유형에만 국한 되지 않는다.

우선, 목표지향형, 활동지향형, 학습지향형을 제시하면서 정렬의 원리를 반영하고 있는 것 같습니다. 그리고 여기에 반복의 원리도 반영된 것 같습니다. 다만 '호울'이라는 텍스트의 위치에 대해서는 다소 깔끔하지 않은 느낌입니다. 여러분은 어떻게 생각하나요?

다음은 〈사례 4〉입니다. 장표 구성을 보고 여러분은 몇 점을 주고 싶은가요?

사례 4

교육자의 역할: 학습자가 새로운 상황과 조건에서 해결책을 찾아가는 것을 도움
=> '시스템의 변화에 주목 '

우리의 삶과 연결 짓기!

문해의 중요성 설명 -> 현재 사회의 특성, 시사, 정보 와 같은 내용 언급

하나의 장표에 내용을 많이 넣지 않고 적절한 공간 배치를 하고 있습니다. 그리고 중간에 도형을 넣어서 내용의 이해를 지원하고 있으며, 특히 '해결책을 찾아가는 것을 도움'이라는 부분을 음영으로 처리하여 강조하고 있습니다. 이 부분이 바로 하이라이트하는 예시라고 할 수 있습니다.

Guide. 〈사례 3〉과 〈사례 4〉의 특징을 참조하여 앞으로 자신의 발표 자료 작성 시 개선할 점을 적어 보세요.

(4) 제4국면: 실행 국면

1. 발표 전 점검(환경, 복장, 도구, 몸 상태 등)
2. 청중 인사
3. 발표 위치, 동선, 시전 선정
4. 오프닝 멘트
5. 본 발표
6. 청중 반응 파악 및 대응
7. 결론 강조

이제 본격적인 발표 실행 국면입니다. 1단계에서는 우선 발표 전 점검을 해야 합니다. 특히, 발표 환경, 도구를 집중적으로 점검해야 합니다. 대형 스크린의 크기, 청중과의 거리, 무대 위 노트북의 위치, 조명, 파워포인트 버전, 인터넷 연결 여부, 마이크, 스피커 상태 등을 점검합니다.

다음으로 복장을 점검해야 합니다. 개성 있는 발표를 시도할 때 다양한 의상을 사용할 수 있지만 가장 중요한 것은 깔끔하고 단정한 모습을 보여 주는 것입니다. 발표를 하는 순간 발표자는 갑이라기보다는 대개 평가를 받는 을의 입장이 되기 쉽습니다.

그리고 중요한 것은 발표자의 몸 상태입니다. 발표를 하게 되면 나도 모르게 긴장하여 몸이 떨리게 되어 제대로 실력을 발휘하지 못할 수 있습니다. 발표 전에 반복적으로 연습하면서 자신의 몸 상태를 점검하고 발표 당일 아프지 않은 상태에서 발표하도록 해야 합니다.

2단계에서는 충분히 발표 전 점검이 마무리되었으면 발표를 시작합니다. 그 시작은 바로 청중에게 정중하게 인사하는 것입니다. 대학생들이 하는 발표를 보면, 인사를 하지 않거나 인사를 하다가 마무리를 하지 않고 얼버무리면서 바로 본론으로 넘어

가는 경우도 많습니다. 정중하게 자신이 누군지 밝히고 청중의 눈을 보면서 인사를 마무리해야 합니다.

3단계에서는 발표자로서 위치를 잡아야 합니다. 무대 중간에 서서 원격으로 파워포인트를 넘기며 할지, 아니면 무대 한쪽에 서서 청중들이 화면을 보게하면서 발표를 할지 순간적인 판단을 잘해야 합니다.

발표 위치를 잡는 과정에서 발표자는 무대에서의 본인의 동선을 그려 보아야 합니다. 발표를 진행할 때 자신의 위치를 좌우로 움직일지, 앞뒤로 움직일지에 대한 조정을 해야 합니다. 그리고 핵심은 청중과 눈맞춤을 할 수 있도록 동선이 선정되어야 합니다.

이제 4단계로 드디어 발표를 시작합니다. 첫 마디가 매우 중요합니다. 첫 마디에서 기선을 제압할 수 있어야 합니다. 청중들이 가장 알고 싶어 하는 것이 무엇인지 궤뚫고 있는 가운데 한 마디 던지는 것입니다. 예를 들어, 우주항공에 대한 내용이라면 "우리는 달나라에 갈 수 있습니다."라고 강하게 던지면서 청중의 반응을 보기 바랍니다. 뭔가 궁금해하는 표정이 나타나면 벌써 발표는 성공하기 시작하는 것입니다.

5단계 본 발표에서는 개발 국면에서 준비한 파워포인트 순서에 따라서 차분히 발표를 풀어 나갑니다. 이때 중요한 것은 파워포인트를 그대로 읽지 말라는 것입니다. 파워포인트에 수많은 내용을 써 놓고 그것을 발표자가 읽고 있다면 아주 지루한 발표가 될 것입니다.

발표자는 자신의 머리속에 발표 내용을 담고 청중의 눈을 보며 적절히 이동하면서 핵심을 전달해야 합니다. 자신 있게! 그것이 발표의 성공 요인입니다. 그리고 발표의 과정에서 '에' '그리고' 등 군소리를 하지 않도록 해야 합니다. 파워포인트의 순서를 기억하고 그 순서에 따라 차분히 발표를 전개하는 것입니다. 발음도 가능한 표준어로 깔끔하게 진행합니다.

6단계 본 발표가 시작되면서 청중의 호응도를 파악하고 대응합니다. 즉, 청중과 밀고 당기기를 하는 것입니다. 청중에게 핵심을 전달하고 청중의 반응을 본 후 부가 설명을 하거나 궁금증을 풀어 주는 멘트를 합니다. 그럼 청중이 고개를 끄떡이기 시작

할 것입니다. 주어진 발표 시간 동안 자신감 있고 정중하게 청중을 내 편으로 만드는 것입니다

마지막 7단계에서는 결론을 강조합니다. "그래서 우리는 이렇게 달나라에 갈 수 있는 것입니다."라고 다른 경쟁자와의 관계에서 어떤 점이 차별점인지를 다시 한 번 청중의 뇌리에 박히도록 해 주는 것입니다. A+ 발표가 성공하는 순간을 맛보게 될 것입니다. 다음의 항목들을 활용하기 바랍니다.

1. 인사를 확실히 하라.
2. 예의를 갖추라.
3. 부드럽게 말하라.
4. 자신감을 보이라.
5. 장표 읽지 마라.
6. 완급을 조절하라.
7. 청중을 바라보라.
8. 유머를 사용하라.
9. 군소리를 조심하라.
10. 어투, 발음을 조심하라.
11. 청중과 주고받아라.
12. 중요사항은 3가지로 정리하라.

Guide. 실행 국면 7단계에서 단계마다 자신의 전략을 적어 보세요.

(5) 제5국면: 발표 평가 국면

발표가 끝나면 나의 발표를 돌아보아야 합니다. 제4국면에서 체크리스트를 통해 점점해 보았지만 발표가 모두 끝난 후 전반적으로 자신의 발표에 대해 정리해 보는 것은 다음 발표를 위해 반드시 필요한 과정입니다.

자신이 발표하는 모습을 동료에게 카메라로 찍어 달라고 하는 것이 중요합니다. 자신의 발표 모습을 보아야 개선할 수 있기 때문입니다. 그리고 다음의 평가 항목을 토대로 냉정하게 자신의 발표를 평가해 보기 바랍니다. 몇 번 이와 같이 반복해 보면 A+ 발표하기는 성공할 것입니다.

1. 목적에 적합한가?
2. 내용 제시에 논리적 흐름이 분명한가?
3. 전체 맥락 틀에 맞추어 세부사항을 전달하는가?
4. 용어와 설명이 쉽게 이해되는가?
5. 숫자를 활용하여 제시하는가?
6. 자신감과 긍정성이 나타나는가?
7. 청중의 수준과 경험에 적합한가?
8. 목소리와 제스처가 적합한가?
9. 강약과 호흡의 완급이 적절한가?
10. 장표의 내용과 조화롭게 발표하는가?
11. 주고받으며 참여를 유도하는가?
12. 시간 조절이 적합한가?
13. 용모, 태도, 예의가 적합한가?
14. 강조 내용 요약 제시가 구체적인가?

Guide. 발표 평가 국면에서 자신의 발표에 대한 강점과 개선점을 적어 보세요.

---

2. WPBL과 탈학습

1) 탈학습

『대학공부 성공하기 A+』에서 제시하는 학습모델은 WPBL이라고 합니다. 학습모델이란 여러분들이 학습할 때 어떻게 학습이 발생하는가를 설명하는 모델입니다. WPBL은 Workplace Problem Based Learning의 약자로서 여러분이 수업 시간에 배우는 내용들이 어딘가 여러분의 삶의 현실과 관련이 있을 것이라는 가정을 합니다.

사실 학생들이 내용을 잘 파악하기 어려운 이유는 도대체 그 내용이 어떤 맥락 속에 있는 것인지 알지 못하기 때문이라고 할 수 있습니다. 그래서 WPBL에서는 학생 스스로 수업 시간에 배우는 지식들과 관련된 문제를 자신의 주변에서, 즉 자신이 살고 있는 현장에서 예리하게 파악해 보라고 강조합니다.

그런데 고등학교 때까지 암기 위주로 학습을 해 온 학생들은 이러한 학습방법의 변화에 어려움을 느끼게 됩니다. 시험에 나오는 정답만을 암기하는 습관이 편하게 느껴질 수 있기 때문입니다. 그래서 필요한 것이 탈학습(unlearning)입니다. 즉, 지금까지 잘 습관화된 학습방법을 다 버려야 한다는 것입니다.

탈학습!

버리자!

비우자!

폐기하자!

쓸어 내자!

새로운 것이 들어올 공간을 만들자!

그럼에도 많은 학생이 탈학습을 하지 못하고 습관화된 학습방법만을 가지고 대학에서 공부를 하려니 성적도 좋지 못하지만, 결국 4차 산업혁명 시대에 필요한 인재로 발전하기 어렵게 될 수 있습니다.

여러분이 지금의 대학에 다니는 이유는 그렇게 학습했던 과거의 결과이기 때문입니다. 이 말은 지금부터 학습방법을 바꾸면 여러분에게 새로운 미래가 결과로서 다가올 것이라는 의미입니다.

만약 바꾸지 않는다면 여러분은 다시 한번 여러분이 원치 않는 미래의 결과를 맛보게 될 수 있습니다. 대학교 생활 4년이면 충분합니다. 얼마든지 지난 날의 잘못된 학습습관을 버리고 새로운 학습방법을 자기 것으로 만들 수 있습니다. 저자는 WPBL에서 제시하는 학습방법들을 추천합니다.

Guide. 자신이 탈학습해야 할 학습방법을 적어 보세요.

2) SRCDPPR

제1장에서부터 우리는 SCRDPPR의 의미를 생각해 왔습니다. SRCDPPR이란 WPBL에서 제시하는 대학생 누구에게나 필요한 학습전략이라고 할 수 있습니다. 이러한 학습전략을 활용한 학습활동을 꾸준히 4년 동안 전개해 간다면 여러분은 어느 순간에 자신의 경력개발이 성공하고 있다는 기쁨을 맛 볼 수 있을 것입니다. SRCDPPR은 4차 산업혁명 시대에 필요한 학습방법을 말하는 것입니다.

SRCDPPR을 수업 시간마다 적극적으로 활용하려는 학생과 아닌 학생은 4년 후 졸업 때 엄청난 성과의 차이를 나타내게 될 것입니다. 다음은 WPBL로 학습하는 어느 대학생의 솔직한 후기입니다. WPBL을 대학에서 경험하면서 자신의 학습에 대한 생각이 어떻게 바뀌고 있는지를 제시하고 있습니다.

경쟁력 있는 market creator가 되기 위해서는 우선 WPBL을 통해 개인의 능력을 상승시켜야 한다. 그러기 위해서 현재 나의 지식 구축, 공감, 초인지, 문제인식에 대한 내연적 · 외연적 행동에 대해 성찰을 해 보고자 한다.

우선, 지식 구축의 경우에 '교수-학습이론'에서 행동주의와 인지주의에 대해 들었던 지식을 토대로 들음으로써 학습을 하는 과정을 더욱 구체화할 수 있었다. 또한 Big Idea와 Prime Idea에 대해 들으면서 단순히 Prime Idea가 Big Idea에 비해 더 높은 차원에 있다는 사고의 틀에서 벗어나 Big Idea를 보면서 나오는 나만의 생각을 Prime Idea에 융합을 할 수 있게 되었다.

다음으로 공감의 경우에 지난 시간까지 지속적으로 노트를 보며 필기에만 집중을 했으나, 이번 시간에는 최대한 노트를 보지 않고 강의에 집중을 하는 것에 초점을 뒀다. 교수자와의 1대1 심리적 긴장 상태를 유지할 수 있었다. 또한 옆자리 짝꿍과 함께 하브루타 방식으로 진행을 하면서 짝꿍과 의견을 주고받는 과정에서 짝꿍의 생각과 자신의 생각을 보면서 '이 친구는 이렇게 생각을 했구나' 라는 생각을 하게 되었다.

그다음으로 초인지이다. 이번 시간에 개인 과제 피드백을 진행하는데, 내가 봤을 땐 크게 문제가 없다고 생각했던 조원의 원인 구체화 과정이었는데 교수님께서는 그 자료에서도 미흡한 점을 발견하셨다. 이를 통해서 아직 나 자신의 능력이 많이 부족하다는 것을 자각하였으며, 조원들을 잘 이끌기 위해서는 내 능력을 키울 필요가 있음을 자각하고 능력을 키우기 위해 수업에 더욱 집중하겠다는 다짐을 하게 되었다.

마지막으로 문제 인식인데, IB에서 지식의 영역을 5가지로 정의한다는 부분을 들었을 때 처음에 '자연과학, 인문과학, 수학, 역사, 미술만을 가지고 지식의 영역을 다 설명할 수 있을까?'라는 의문을 가졌다.

사실 앞의 성찰한 부분들만 보면 대부분 내연적인 활동 위주로 이뤄진다는 것을 알 수 있다. 물론 외연적으로도 어느 정도 이뤄지고 있지만, 그래도 상당히 부족한 부분들이 많다. 그렇다면 이 문제를 해결하기 위해서는 어떻게 하는 것이 좋을까?

우선 내연적으로는 수업에 더욱 적극적으로 참여를 하겠다는 다짐을 하는 것이다. 물론 과거에 비해서는 학습 참여 의지가 상당히 높아진 편이다. 그러나 강의를 들을 때의 자신을 돌이켜 보면 아직은 의지가 조금 부족한 것 같다는 생각이 든다. 그 이유로는 '만약 수업에 참여할 의지가 더 높았다면 기존의 지식과의 융합이 더 잘 이뤄지지 않을까?'라는 생각이나 '저 친구는 이 부분에서 기존 지식과의 연계가 가능했는데, 난 왜 생각을 하지 못했을까?' 와 같은 생각을 한다. 그렇기에 자신의 단점을 보완하기 위해서 앞으로 더욱 적극적으로 참여를 하겠다는 다짐을 할 필요가 있다고 본다.

외연적으로는 매 강의 시간에 동기들이나 교수님께 들었던 의문을 1가지씩 질문하는 것이다. WPBL은 현장에서 학습을 하는 것인데, 현재 자신을 보면 현장에서 의문이 생기더라도 그 자리에서 해결을 하려고 하지 않는다. 그 결과 필자의 뇌 속에서 스키마의 연결들이 약하게 된다. 그렇기에 앞으로 의문이 생기면 바로바로 질문을 하면서 그에 대한 해답을 듣거나 생각해 내어 스키마를 더욱 단단하게 하고자 한다.

다음 그림은 SRCDPPR을 순환적 고리로 표시한 것입니다. 이들 단계를 지속적으로 순환해 나가면 자기만의 학습방법이 새롭게 정착될 수 있을 것입니다.

이제 이 그림을 WPBL 모델 전체와 통합시켜 보면 다음과 같은 그림으로 확장됩니다. 즉, Attacking, Analyzing, Acting, Appraising의 큰 흐름이 전개되면서 동시에 순간순간마다 SRCDPPR을 실행하는 자신의 모습을 상상해 보기 바랍니다. 앞으로 어떻게 대학에서 학습해야 할 것인지 자기 나름대로의 생각이 나타나기 시작할 것입니다.

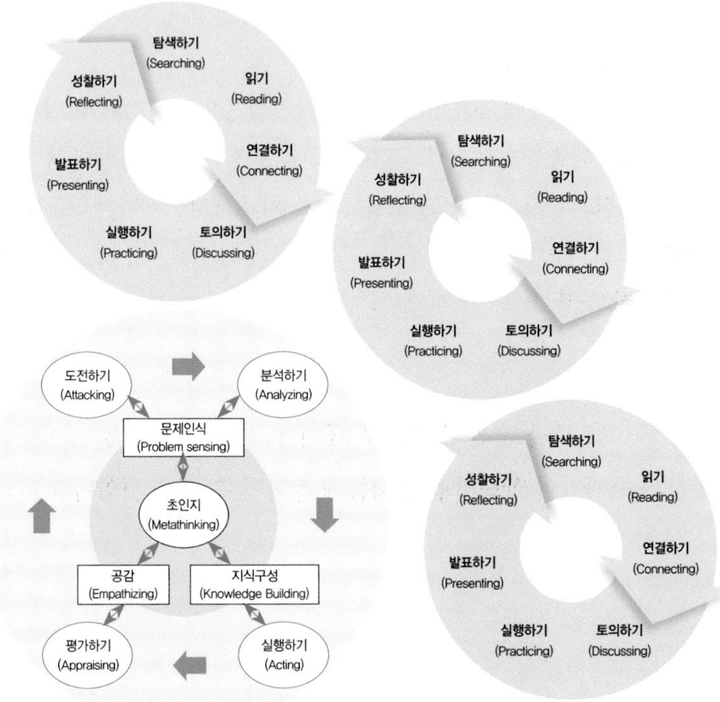

Guide. SRCDPPR에 대해서 자신이 이해하는 대로 의견을 적어 보세요.

3. 나의 학습방법

1) 나는 어떻게 학습하고 있는가

SRCDPPR 순환에서 Connecting은 자기 머릿속의 지식들을 연결해 보는 활동입니다. Connecting은 사실 수시로 발생할 수 있습니다. 자신의 머릿속에 있는 스키마는 새로운 지식이 들어올 때마다 지식 간의 연결망을 새로 구축할 것입니다. 이와 같이 Connecting을 한다는 것은 학습자 스스로 새로운 지식과 기존 지식, 그리고 머릿속에 들어 온 지식 간의 관계를 설정하여 스키마에 변화를 주는 것이라고 할 수 있습니다. 그 대표적인 활동이 2차 노트를 작성하는 것입니다.

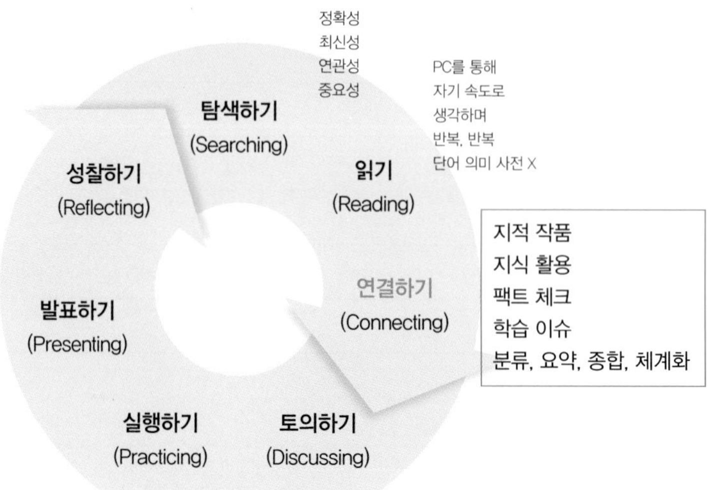

Guide. Connecting을 하기 위한 자신만의 전략을 적어 보세요.

8장

불확실성 시대의 직업

학습 목표

1. 불확실한 미래의 주요 키워드를 나열할 수 있다.
2. 4차 산업혁명 시대의 주요 키워드를 나열할 수 있다.
3. 사라질 직업과 뜨는 직업의 차이를 설명할 수 있다.
4. 구성주의 학습을 설명할 수 있다.

학습 목차

1. 4차 산업혁명 시대의 모습
2. 구성주의: 지식을 구성한다
3. 나의 학습방법

개요

대학생으로서 경력개발의 과정에서 어떤 형태이든 직업을 선택하지 않을 수 없습니다. 직업이란 자신의 생계를 해결하고 인생의 꿈을 실현하는 통로라고 할 수 있기 때문에 제대로 된 직업의 선택은 그만큼 중요합니다. 그러나 전 세계에는 불확실성이 증대하고 있습니다. 이는 직업 선택에 있어서 고려해야 할 요소가 많고 신중해야 함을 의미합니다.
세계의 미래에 불확실성을 증가시키는 요인들은 다양합니다. 따라서 자신의 직업에 밀접하게 영향을 줄 수 있는 요인들을 평상시에 관심을 가지고 폭넓게 살펴보는 것이 필요합니다. 특히 업무의 자동화로 인해 소위 뜨는 직업과 사라질 직업에 대한 방향감을 가지려는 노력을 해야 합니다.
결국 직업의 불확실성을 극복할 수 있는 안목을 가지고 경제성과 가치성이 조화를 이루는 자신만의 전문적 직업관을 통해 경력개발을 실행하는 것이 중요합니다.

Guide. 자신의 비전과 역량을 고려하여 경력개발을 통해 원하는 직업을 적어 보세요.

1. 4차 산업혁명 시대의 모습

1) 불확실성의 시대

뭔가 확실하다는 것은 계획한 대로 오차 없이 진행된다는 것입니다. 그러나 불확실하다는 것은 모든 것이 유동적이라서 확실하게 앞날을 예측할 수 없다는 의미일 것입니다. 지금의 대학생들이 살아갈 앞으로의 세계는 언제 어느 것이 발생할지 과거보다 더 혼란스러울 것입니다. 우리는 그 상황 속에서 자신의 경력개발을 준비하고 하나씩 실행해 나가야 합니다. 그래서 '6의 법칙' '12년 준비의 원칙'은 크게 보고 길게 바라볼 것을 필요로 합니다.

세계의 불확실성은 이미 2007년 다보스포럼에서 제시되었습니다.

◉ 2007 다보스포럼이 제시한 지구촌의 7대 불확실성

1. 안보를 위협할 기후 변화
2. 미국 경제의 연착륙 문제
3. 서방과 중동 간의 문화 충동
4. 힘 잃는 핵확산금지조약
5. 지적재산권 보호 문제
6. 펀드 자본주의의 강화
7. 세계화에 대한 반감

이러한 이슈들을 하나씩 살펴보는 것도 필요할 것입니다. 각자 Searching을 통해서 의미를 파악해 봅시다. 그리고 이 불확실성에서 내가 무엇을 포착해야 할지 생각해 보세요. 예를 들어, 기후 문제는 이제 시급해졌습니다. 지구온난화로 태평양의 도서들이 물에 잠겨 사라질 것입니다. 우리나라의 경우에는 사과와 배는 대구가 주 산

지였는데 이제는 강원도에서도 사과, 배를 재배합니다. 2070년에 가면 사과와 배는 우리나라에서 재배되지 않을지도 모른다고 합니다. 즉, 지금 확실한 것이 앞으로는 그렇지 않게 되는 것입니다. 과학자들은 끊임없이 그 현상을 예측하겠지만 일반 국민들은 기후 변화로부터 오는 불확실성의 피해를 감당해야 합니다.

우리나라의 국회미래연구원에서는 '2022년 주목할 15개 이머징 이슈'를 제시하였습니다.

◉ 2022년 주목할 15개 이머징 이슈

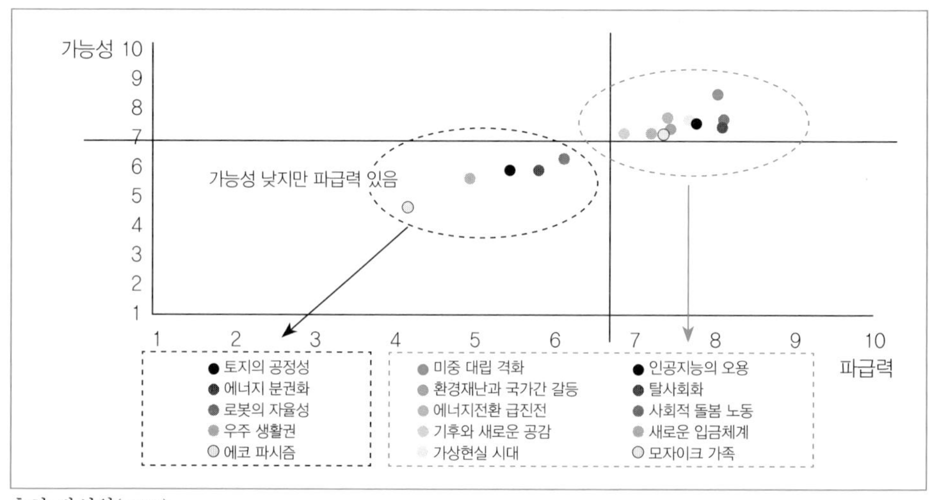

출처: 박성원(2021).

여기서도 환경재난이 언급되고 있는데, 특히 인공지능의 오용이 제시됩니다. Chat GPT 등의 인공지능의 등장이 어떻게 우리 사회에 영향을 줄지 아무도 모릅니다. 그만큼 불확실합니다. 모자이크 가족도 등장합니다. 최근 1인가구가 급증하는 우리나라에서 우리는 과연 행복한 미래를 누릴 수 있을지 아무도 모릅니다.

2022년 트렌드 전망 보고서(TRENDBIRD-Annual Trend Report, 2022)에서는 새로운 변화를 언급합니다. 자세히 살펴보면 모두가 우리 생활에 도움을 주려고 하는 노력들인 것 같은데, 이러한 트렌드들이 우리 생활에 어떤 변화를 가져올지 쉽게 예측하기는 어렵습니다.

- 메타버스와 대체 불가능한 토큰(Non-Fungible Token: NFT)
- 각 이코노미와 BNPL(Buy Now Pay Later)의 성장
- 지능형 사물인터넷(Artificail Intilligence of Things: AIoT)
- 성장의 변곡점에 선 기업인수목적회사(Special Purpose Acquisition Company: SPAC)
- 현실로 다가온 도심항공교통과 우주여행
- ESG(Environment, Social, Governance) 투자
- 전기 트럭(electric truck)
- 이산화탄소 포집(direct air capture)
- 유전자 편집(genome editing)
- 뇌-컴퓨터 인터페이스(Brain Computer Interface: BCI)
- 폐배터리 재활용(battery recycle)

각 이코노미와 BNPL의 성장은 왜 발생하고, 그로부터 어떠한 경제적 파급이 발생할까? 우리가 이 모든 것을 다 알 수는 없습니다. 우리가 관심을 가져야 할 키워드들을 선택해 보았습니다. 다른 것들이 너무 많지만, 그중에서도 다음의 키워드들은 우리의 삶에 영향을 줄 것 같습니다. 그러나 그 영향이 어느 정도인지는 불확실합니다.

개인주의
단순화
자아실현
개인화(personalization)
탈중개화
포퓰리즘
마이크로패밀리
고령화
여성화
ESG
지역화
유대감
장수
재생에너지
유전과학
나노과학
생체 인식
지능(intelligence)

결국 우리는 급변의 상황 속에서 우리의 생존을 지켜 나갈 뭔가를 가지고 있어야 합니다. 저자는 그것을 우리의 학습역량이라고 생각합니다. 어떠한 변화가 와도 대처하여 적응할 수 있는 학습역량을 갖추는 것이 곧 생존과 발전의 토대가 될 것입니다.

Guide. 불확실성의 시대에 자신의 직업에 대해 적어 보세요.

2) 4차 산업혁명 시대의 키워드

불확실성이 증가하는 시대이지만 동시에 기술의 발전과 함께 4차 산업혁명 시대로 급변하고 있습니다. 4차 산업혁명 시대의 특징은 무엇일까요? 가장 중요한 키워드로 살펴보면 AI, IoT, 빅데이터, 가상현실 등을 기반으로 한 초연결, 초지능, 초스피드 사회라고 할 수 있습니다.

이러한 4차 산업혁명 시대의 특징과 앞에서 살펴본 불확실성의 요인이 되는 키워드를 종합적으로 생각해 보면서 자신의 직업분야에 대한 탐색을 시작하는 것이 중요합니다.

그럼 4차 산업혁명 시대는 우리에게 기회일까요, 위협일까요?

로봇과 함께 일을 하고 ChatGPT와 소통을 하며 업무를 진행하는 것이 일반화될 때 나의 직업은 안전하게 유지될 수 있을까요?

이 질문은 이제 먼 훗날의 얘기가 아니며, 바로 지금부터 스스로 해답을 찾아가야 하는 이슈가 되었습니다. 경력개발에서 '12년 준비의 원칙'에 비추어 볼 때 지금부터 시작해야 좀 더 여유를 가지고 융통성 있게 경력의 방향을 조정해 갈 수 있을 것입니다.

Guide. 로봇이 일반화되는 상황에서 자신의 경력개발의 방향을 적어 보세요.

3) 사라지는 직업

옥스포트 마틴 스쿨의 베네딕트 프레이 교수와 마이클 오스빈 교수에 따르면 20년 내에 일자리의 47%가 사라질 것입니다. 왜? 자동화라는 말에서 그 이유를 찾을 수 있습니다. 자동화란 인간의 손이 닿을 필요가 없다는 의미를 담고 있습니다. 기술의 발달은 인간이 하는 많은 업무를 자동화가 가능하게 합니다. 자동화는 인건비의 절감으로 이어지고, 따라서 기업은 인간이 하는 일들을 로봇에게 맡기게 됩니다. 로봇은 단순한 기계들의 결합이 아니라 거기에 인공지능이 적용되어 스스로 학습하고, 그 실력을 업무에서 활용하기 때문입니다.

20년 내에 일자리의 47%가 사라질 것이다.

Why? 자동화

출처: WEEKLY BIZ(2014. 7. 19.).

다음은 BBC가 예측한 사라질 위험성이 높은 직업들입니다.

◉ BBC가 예측한 사라질 위험성이 높은 직업들

순위	직업	Job Titles	위험성	종사자 수
1	텔레마케터	Telephone Salesperson	99.0%	43,000
2	(컴퓨터) 입력 요원	Typist or related keyboard worker	98.5%	51,000
3	법률 비서	Legal secretaries	98.0%	44,000
4	경리	Financial accounts manager	97.6%	132,000
5	분류 업무	Weigher, garder or sorter	97.6%	22,000
6	검표원	Routine inspector and tester	97.6%	63,000
7	판매원	Sales administrator	97.2%	70,000
8	회계 관리사	Book-keeper, payroll manager or worker	97.0%	436,000
9	회계사	Finance officer	97.0%	35,000
10	보험사	Pensions and insurance clerk	97.0%	77,000
11	은행원	Banker or post office clerk	96.8%	146,000
12	기타 회계 관리자	Financial administrative worker	96.8%	175,000
13	NGO 사무직	Non-governmental Organisation	96.8%	60,000
14	지역 공무원	Local governmantal administrative worker	96.8%	147,000
15	도서관 사서 보조	Library clerk	96.7%	26,000
				총 종사자 수 1,527,000

출처: 시사캐스트(2021. 4. 6.).

대학생들이 호모 헌드레드의 역설을 극복하며 경력개발을 실행하는 과정에서 주목해야 할 점은 나의 경력개발에서 자동화 이슈를 어떻게 대응할 것인가입니다. 즉, 자동화 대체가 어려운 업무에 대한 탐색이 필요할 수 있습니다. 다음의 세 가지 분야에서는 자동화의 대체에 대응할 방안을 찾을 수 있을 것으로 보입니다.

- 창의적 사고가 필요한 분야
- 인간적 감성이 필요한 분야
- 고도의 숙련이 필요한 분야

이러한 분야의 직업을 좀 더 탐색하고 꾸준히 자신의 현재 전공과목과 연계하는 노력이 필요한 시점입니다. 창의적인 역량이 작동해야 하는 분야의 업무에서 나는 어느 정도의 역량을 발휘할 수 있을까요? 로봇이 할 수 없는 인간관계 관련 업무에서 나는 어느 정도의 사회적 관계 역량을 발휘할 수 있을까요? 인간적인 감성은 로봇에게는 부족할 것입니다. 그러나 역발상도 해 봅시다. 모든 것이 로봇으로 대체될 수는 없습니다. 자신의 신체적 기능이 충분히 발휘되는 전문적 육체노동으로 승부해 볼까요?

이러한 생각 모두 대학생으로서 차분히 검토해 나가야 할 사항들일 것입니다.

참고로 4차 산업시대 소위 뜨는 직업의 분야 리스트를 읽으며 자신의 전공과 관련하여 특색 있는 직업을 찾아 봅시다. 다음은 소위 뜰 가능성이 있는 직업들입니다. 유전상담사, 인공지능윤리검수사, 콘텐츠가치 평가사 등은 저자도 처음 듣는 직업명입니다. 여러분은 이제 대학에서 미래 경력개발을 준비하는 과정에 있습니다. 지금 내가 하고 있는 공부가 어떤 직업과 연결될지 쉽게 판단하기 어려울 수 있지만, 다양한 가능성에 대해 마음을 열어 두는 것도 필요할 것입니다.

온라인 튜터
이러닝 테크니션
건강기능식품 상담사
모바일헬스케어 코디네이터
유전 상담사
데이터 라벨러
데이터거래 전문가
인공지능윤리 검수사
정보보호관리체계 인증심사원
풀스택 개발자
기상감정사
스마트안전관리사
에너지 효율 측정 및 검증 전문가
중고자동차 진단평가사
집합건물관리사
콘텐츠가치 평가사
특허전담관
NFT 아트 에이전트
경관 디자이너
메타버스 크리에이터
문화재교육사
미술품시가 감정사
스포츠심리 상담사
농업드론 방제사
농작업 안전관리관
농촌교육농장운영자

공인이민사	농촌마을마케터
산업수학 모더레이터	수직농장 전문가

출처: 김동규 외(2021).

다음으로 자동화 대체 확률이 높은 직업 리스트입니다.

콘크리트공	도금기 및 금속분무기 조작원
정육원 및 도축원	유리 및 유리제품 생산직(기계 조작)
고무 및 플라스틱 제품 조립원	곡식작물재배원
청원경찰	건설 및 광업 단순 종사원
조세행정사무원	보조교사 및 기타 교사
경리사무원	시멘트, 석회 및 콘크리트 생산직
환경미화원 및 재활용품수거원	육아도우미(베이비시터)
세탁 관련 기계조작원	주차관리원 및 안내원
택배원	판매 관련 단순 종사원
과수작물재배원	샷시 제작 및 시공원
행정 및 경영지원 관련 서비스 관리자	육류, 어패류, 낙농품 가공 생산직
주유원	
부동산 컨설턴트 및 중개인	
건축도장공	
매표원 및 복권판매원	
청소원	
수금원	
철근공	

출처: 이의용(2018). p. 24.

택배원, 곡식작물재배원, 샷시 제작 및 시공원, 건축도장공 같은 직업이 제시되고 있는데, 여러분의 생각은 어떤가요? 정말로 이러한 직업들은 사라질까요? 혹시 다들 사라진다고 말하는, 즉 전망이 좋지 않다고 하지만 나의 신체를 활용하여 숙련을 요하는 일을 선택한다면 어떨까요? 그것은 본인의 가치성과 전문성을 고려한 선택사항일 것입니다. 왜냐하면 과연 모든 일이 로봇으로 대체될 수 있을까라는 우문 때문입니다. 만약 아니라면 건강한 신체를 활용한 숙달된 전문가의 가치도 높아질 수 있을 것입니다.

누구나 모두 지적인 노동자가 될 수는 없습니다. 극단적으로 모두가 머리를 쓰는 지적 노동자가 된다면 사회는 존재할 수 있을까요? 누군가는 신체적 노동을 해야 사회가 지속될 수 있습니다.

그럼 나는 어떤 길을 선택해야 할까요? 일단 자동화 대체율이 낮은 직업들은 다음과 같습니다. 지적 노동자, 신체 노동자, 어느 것을 선택하든 자동화율이라는 키워드를 염두에 두고 자신의 직업 선택에 참조해야 합니다.

화가 및 조각사	시각 디자이너
사진작가 및 사진사	웹 및 멀티미디어 디자이너
작가 및 관련 전문가	기타 음식서비스 종사원
지휘자, 작곡가 및 연주가	디스플레이어 디자이너
애니메이터 및 만화가	한복 제조원
무용가 및 안무가	대학교수
가수 및 성악가	마술사 등 기타 문화 및 예술 관련 종사자
메이크업 아티스트 및 분장사	출판물 기획 전문가
공예원	큐레이터 및 문화재 보존원
예능 강사	영상 녹화 및 편집 기사
패션 디자이너	초등학교 교사
국악 및 전통 예능인	촬영 기사
감독 및 기술감독	물리 및 직업 치료사
배우 및 모델	섬유 및 염료 시험원
제품 디자이너	임상심리사 및 기타 치료사

출처: 이의용(2018). p. 24.

Guide. 사라지는 직업, 떠오르는 직업의 특징을 적어 보세요.

2. 구성주의: 지식을 구성한다

고등학교 때까지 시험에 나오는 중요한 것만을 암기하며 학습하였다면, 대학에서는 자신만의 지식을 구성하는 데 집중해야 합니다. 인지주의에서 학습하였듯이, 새로운 지식을 받아들일 때 기존 지식과의 결합이 중요합니다. 인지주의에서는 그러한 연결을 중시합니다. 그리고 그러한 연결은 지식과 지식 간의 모순 없는 결합을 의미할 수 있으며, 흔히 '이해되었다'라고 표현합니다.

이에 비해 구성주의에서는 결합을 중시하되 내가 부여하는 의미를 함께 고려합니다. 즉, A라는 새로운 지식을 B라는 장기기억고의 기존 지식과 연결할 때 학생 스스로 특색 있는 양념을 부가하여 A와 B의 관계를 연결할 수 있습니다. 즉, 자신만의 해석이 담긴 지식을 만들어 가는 데, 이것을 지식구성이라고 할 수 있습니다.

사람마다 이렇게 연결하는 내용이나 방법이 다르기 때문에 똑같은 A를 교수님에게 들어도 기존의 B에 있는 지식과 연결할 때 다른 모습으로 나타날 수 있는 것입니다. 이러한 지식구성에서는 내가 부여하는 가치나 의미가 중요하게 되는데, 사실 이 경우에는 절대적인 지식의 존재를 인정하기보다는 누구나 자신의 지식을 가질 수 있다는 상대적인 지식관을 반영하게 됩니다.

구성주의 학습에서 대학생 여러분은 지식을 받아들이기만 하는 수동적 존재가 아니라 자신의 지식을 만들어 가는 능동적 존재입니다. 다음의 영어를 읽어 보기 바랍니다.

Learning is a change in meaning constructed from experience.

학습이란 경험으로부터 구성되는 의미의 변화입니다. 이 의미는 지식이 연결되는 과정에서 학습자 자신이 부여하는 의미가 변화되어 간다는 점을 나타냅니다. 행동주의 학습이 단순히 자극과 반응의 결합이고, 인지주의 학습이 지식과 지식의 연결이라면, 구성주의 학습은 지식의 연결을 통한 의미의 변화라고 할 수 있습니다. 그런데 이러한 의미의 변화가 어떤 상황에서 잘 발생하는지는 일상의 문제들을 통해서 학습할 때라고 가정됩니다.

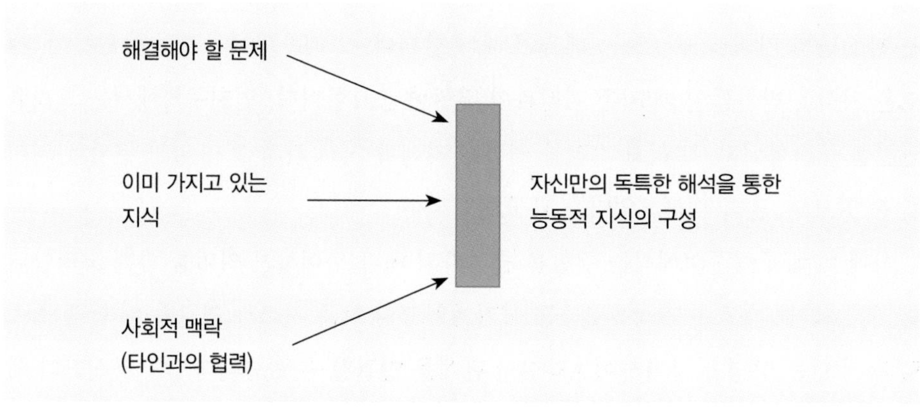

그래서 등장한 수업방법 중의 하나가 문제중심학습(Problem Based Learning: PBL)이기도 합니다. 수업 시간에 학생들에게 문제를 제공하고 학생들이 그 문제를 풀어가면서 학습하도록 하는 것이지요. 일단 문제를 받으면 학생들은 기존의 지식을 활용하여 해결을 시도하고, 그것으로 부족할 때는 사회적 토론 등을 통해서 해결을 시도하며, 그 과정에서 필요한 학습을 하도록 하는 것입니다.

이것을 좀 더 발전시킨 것이 WPBL(Workplace Problem Based Learning)입니다.

WPBL에서는 문제를 교수님이 주는 것이 아니라 여러분의 일상생활에서 뭔가 이상하다고 느끼는 문제로부터 학습이 시작되도록 합니다. 즉, 문제를 발견하는 주체가 바로 나 자신이며, 스스로 문제를 발견하여 그에 대한 해결책을 만들어 가는 과정에서 학습이 자연스럽게 발생하도록 한다는 것입니다.

대학생으로서 여러분은 주변의 상황을 유심히 관찰하고 생활의 모든 현장이 학습터가 될 수 있도록 지금 배우고 있는 교과 내용과 관련된 문제를 파악하는 데 노력할 필요가 있습니다. 그래야 수업 내용이 나의 삶과 가까워지며, 그 내용을 왜 배워야 하는지 맥락을 알게 됩니다. 그러면 학습의 필요성을 더 강력하게 인정하게 되고, 학습 자체가 즐거워질 수 있습니다.

Guide. 구성주의 학습방법을 어떻게 사용하고 있는지 적어 보세요.

____

____

____

____

____

____

3. 나의 학습방법

여러분이 대학에 오는 이유는 단지 지식만을 암기하려고 오는 것이 아닙니다. 대학생이 혼자서 문제집만 풀고 있다면 대학에 다닐 이유가 없지요. 동료 학생들의 생각을 접하고, 나의 생각을 발전시키는 것은 여러분이 대학을 다녀야 하는 중요한 이유입니다. 생각을 발전시킨다는 것은 결국 여러분들이 현재 가지고 있는 지식이 좀 더 튼튼해지는 것을 의미합니다. 이때 필요한 것이 토론활동입니다.

흔히 독서실의 골방에 앉아서 책을 열심히 읽고 있는 학생들을 열심히 공부하는 학생들이라고도 합니다. 그러나 그것은 필요할 때에만 그렇게 하는 것입니다. 4년 내내 골방에서 그렇게 할 것이라면 4차 산업혁명 시대의 인재의 모습과는 뭔가 멀어지는 느낌이 듭니다. 4차 산업혁명 시대의 인재는 나의 지식을 남과 나누어 보고, 그 과정에서 좀 더 발전된 나의 지식을 만들어 가는 인재입니다.

이것은 결코 4년 내내 혼자서 책만 읽거나 암기만 하는, 아니 혼자서 연구만 하는 활동을 무시하려는 것이 아닙니다. 혼자서 학습하는 것보다는 함께 학습하는 것이 보다 자신의 지식에 균형된 발전을 이루게 할 것이므로 대학생활에서 토론을 꼭 실행해 달라는 것입니다. 토론을 할 때는 반드시 지켜야 할 원칙이 있습니다.

'On the table'의 원칙입니다. 내 말만 맞다고 주장하는 것이 아니라 서로의 지식을 테이블에 올려놓고 마음껏 가지고 가라는 것입니다. 어떤 형태의 토론이든 이 원칙을 지키다 보면 보다 효율적인 토론이 가능하며 나의 지식은 발전될 것입니다. 1:1 토론을 하든 여러 학생이 그룹으로 토론을 하든 상대방을 존중하고 나의 것만을 고집하지 않는다면 나의 토론은 이미 반은 성공하고 있는 것입니다.

또 평소에 말을 통해 의견을 표출해 봐야 내 지식이 다듬어질 수 있습니다. 말하는 가운데 스스로의 모순을 파악할 수도 있습니다. 대학생이라면 최소한 토론을 피하지는 않겠다라는 태도가 필요하며, 그 이상 적극적으로 말하고 듣고 내용을 서로 부딪히며 함께 발전하는 기회를 가져보기 바랍니다.

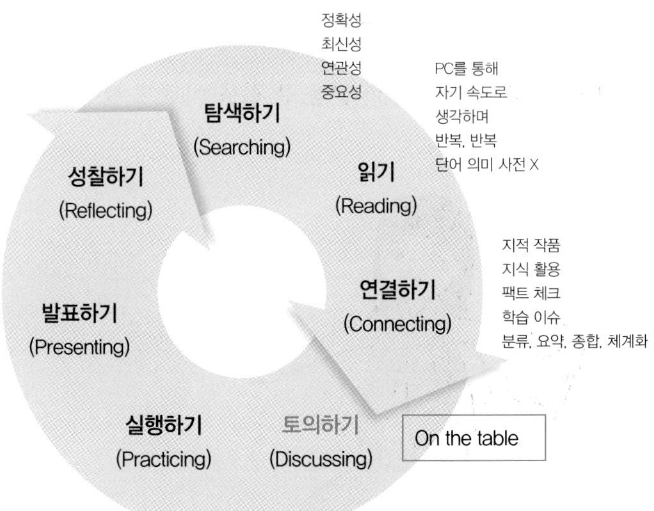

Guide. 토론에 대해 나는 적극적인가요? 개선 방안을 적어 보세요.

잠깐!

다음 그림을 보세요. 외줄을 타면서 한 걸음 한 걸음 어떻게 걸어가야 할까요?

Focus on the process!

여러분, 경력개발의 과정에서 성급히 목표를 달성하려 하지 말고 순간순간 내가 하는 방법이 맞는지 점검하며 과정에 집중합시다.

9장

미래 역량의 핵심

학습 목표

1. Problem Sensing의 의미를 설명할 수 있다.
2. Sense Hard의 의미를 설명할 수 있다.
3. 문제를 대하는 인재의 유형을 설명할 수 있다.
4. 문제인식형 인재의 특징을 나열할 수 있다.

학습 목차

1. Sense Hard
2. 문제를 대하는 인재의 유형
3. 나의 학습방법

개요

미래 인재에게 다양한 역량이 필요하겠지만 만약 하나만 선택한다면 어떤 역량일까요? 저자는 문제인식 역량을 강조합니다. 즉, 자신이 가지고 있는 프라임 아이디어에 근거하여 순간적으로 문제를 파악 또는 발견해 낼 수 있는 역량이야말로 업무 성과를 좌우하는 역량이 될 것입니다.

열심히 밤새워 많은 시간을 일하던 Work Hard의 시대가 우리나라에도 있었습니다. 그러나 지금은 워라밸을 찾고 주어진 시간만을 일하려는 분위기가 확산되고 있습니다. 그럼, 지금부터는 양보다는 질로 승부해야 합니다. 즉, 시간만 소모하며 성과를 내지 못하는 인재보다는 짧은 시간 일을 헤도 고성과가 나는 하이피포머가 되려는 경력개발을 시도해야 할 것입니다.

Guide. 미래 인재의 핵심 역량을 적어 보세요.

1. Sense Hard

1) 이런 신입사원은

신입사원이 입사를 했다. 소위 스펙도 좋고 나름 성실하며 면접에서도 좋은 평을 받아서 당당히 입사하였다. 어느 날 회사에 신입사원의 해당 업무와 관련해서 중요한 비즈니스 손님 두 분이 찾아왔다. 사장님은 손님 두 분을 반갑게 회의실로 모시면서 신입사원에게 혹시 시간이 사과 하나를 준비해서 회의에 함께 참석하자고 부탁하였다. 신입사원은 동의하였고, 사장님은 손님과 먼저 인사말을 나누면서 미팅을 시작하였다.

5분 후 신입사원은 접시에 사과 한 개를 과도와 함께 가지고 들어왔다. 순간 사장님은 당황하면서 신입사원을 바라보았다. … 회의가 완료되고 손님이 떠난 후 사장님은 신입사원을 불렀다. 사과를 준비하라고 했는데 접시에 사과 한 개만 가져온 이유가 무엇인가라고 물어보았다. 순간 신입사원은 당당하게 이렇게 말했다.

"사장님께서 사과 한 개 준비해서 가져오라고 하셨는데요."

출처: 송상호(2023). p. 49.

이와 같은 사례가 현실에서 실제로 발생할까요? 꼼꼼히 읽어 보면서 나는 과연 저런 상황에서 어떻게 행동했을까를 생각해 보기 바랍니다. 특히 신입사원의 마지막 말인 "사장님께서 사과 한 개를 준비해서 가져오라고 하셨는데요"라는 말은 미래 경력개발을 준비하는 여러분에게 어떠한 시사점을 주고 있을까요?

이러한 가상 에피소드로부터 우리는 문제인식의 중요성을 인식해야 합니다. 특히 여러분이 생계를 위해 업무를 수행하는 현장에서 문제를 파악하는 문제인식 역량은 4차 산업혁명 시대에 가장 필요한 역량이라고 할 수 있습니다.

신입사원은 손님 두 분과 사장님 모두 세 분인데 왜 사과 하나를 가져오라고 하시지라는 '뭔가 이상하다'라는 생각을 했어야 했습니다. 그런 생각을 하지 못한다면 4차 산업혁명 시대에 필요한 현장 업무력이 높지 않음을 의미할 수 있습니다.

2) 문제인식 키워드

문제인식 역량은 기존의 단순 직감이나 눈썰미와는 다른 역량입니다. 자신이 처한 현장의 상황에서 자신의 감성을 토대로 분석과 종합력을 순식간에 발휘하는 역량이라고 할 수 있습니다. 물론 거기에 직감이나 직관, 눈썰미 등이 추가되면 더욱 효율적인 문제인식이 가능할 수도 있습니다.

분석, 종합, 감성

Problem Sensing

눈썰미, 직관, 직감

문제인식 역량을 강조하는 이유는 4차 산업혁명 시대에는 근본적인 일하는 방식의 변화를 요구하기 때문입니다. 흔히 열심히 일하는 노동자를 떠올려 보세요. 온갖 어려움을 극복하며 몸과 마음을 다해서 밤늦게까지 일하는 근면한 노동자가 필요한 시대가 있었습니다.

이렇게 일하는 것을 Work Hard라고 할 수 있습니다. Work Hard하는 사람은 우리나라가 개발도상국 시대에 주어진 과업을 열심히 해내는 아마도 모범 근로자였을 것입니다. 우리나라가 경제 발전기에 대량 생산을 하기 위해 필요한 근로자의 대부분이 Work Hard를 통해 우리나라를 발전시켜 왔을 것입니다.

이때는 일하기가 쉬웠습니다. 왜냐하면 상사가 무슨 일을 하라고 알려 주기 때문입니다. 앞의 신입사원 사례에서도 Work Hard하는 신입사원일 수도 있습니다. 지시된 대로 열심히 일을 하기 때문입니다. 그러나 여러분이 이미 느끼고 있겠지만 그 신입사원의 일하는 방식은 뭔가 개선이 필요합니다.

특히 마지막 그의 항변하는 말인 “사장님께서 사과 한 개를 준비해서 가져오라고 하셨는데요”라는 신입사원 본인의 마음도 답답해서 그럴 수도 있지만 약간의 저항의식까지 엿볼 수 있습니다. ‘하라는 대로 했는데’라는 생각은 자신에게서 문제를 돌아보는 것이 아니라 남에게 문제를 돌리는 듯한 모습이 아닐까요? Work Hard하면서 태도까지 이러한 감정적 상태라면 아마 그 회사의 업무성과나 발전에 도움이 되지 않을 것입니다.

어쨌든 Work Hard를 강조하던 사회적 분위기를 넘어서 Think Hard를 강조하기도 하였습니다. 특히 우리나라가 다른 나라를 따라가야 하는 개발도상국 시대를 넘어 OECD 선진국에 가까이 가면서 우리만의 새로운 물건을 만들어 내야 하는데, 단순히 Work Hard만으로는 어려웠기 때문입니다. 우리 물건을 수출해야 되는데 Work Hard를 하더라도 시키는 것만 한다면 그것은 아직도 개발도상국의 위치에 머무는 것을 의미하기 때문입니다.

저자는 Think Hard를 토대로 한 Sense Hard를 대학생 여러분에게 강조하고 싶습니다. 4차 산업혁명 시대에 일을 잘 하는 사람은 자신의 업무에서 문제를 파악하고 그에 따라 업무를 수행할 수 있어야 하기 때문입니다. 누군가가 문제를 주면 단지 해결만을 시도하는 모습이 아니라, 본인이 문제를 스스로 파악하여 자신이 할 일을 결정하는 인재의 모습입니다. 이는 곧 자신의 가치를 높이는 지름길이라고도 할 수 있습니다.

업무 현장에는 고성과자, 즉 하이퍼포머(High Performer)라는 용어가 있습니다. 어떠한 업무에서 최고의 성과를 낼 줄 아는 업무 수행자를 지칭하는 말입니다. 4차 산업혁명 시대에 Work Hard의 근면성을 전제로 하면서 창의성 있는 아이템을 생산할 수 있는 Think Hard의 강점까지 포괄하여 업무를 수행하는 근로자는 결국 Sense Hard를 하는 인재라고 할 수 있습니다.

하이퍼포머를 향한

Work Hard!

Think Hard!

???

하이퍼포머가 되기 위한 Work Hard, Think Hard, 그리고 이것들을 기반으로 한 Sense Hard가 앞의 '???' 자리를 차지할 수 있을 것입니다. 이러한 생각을 여러분의 학습방법에도 적용시켜 보세요.

시간만 많이 사용한다고 해서 질 좋은 학습을 할 수 있는 것일까요? 여기서 나는 시간만 때우는 학습을 하고 있지는 않은지 돌아볼 필요가 있습니다. 즉, 나의 학습방법을 돌아보아야 합니다.

지금까지 우리는 행동주의, 인지주의, 그리고 구성주의 학습에 대해서 알아보았습니다. 특정한 학습이론을 선택하라는 것이 아니라 자신의 학습방법을 돌아보고 좋은 것들을 취사선택해서 자기만의 학습노하우를 만들어 가려는 노력이 필요합니다.

여기서 하나의 가정을 해 보세요. 노벨상을 받고 못 받는 차이는 결국 Work Hard, Think Hard, 그리고 Sense Hard, 즉 학습하는 방법의 차이가 아니었을까요? 이를 학습 패러다임의 변화라고 한다면 (물론 이것은 크게 일하는 방법의 변화라고도 할 수 있습니다. 학습하는 방법도 크게는 일하는 방법의 하나라고 할 수 있으니) 다음의 도표에서 Work Hard의 경우에는 노벨상이 없을 것입니다. 우리나라에 노벨상이 희귀한 것도 우리가 너무 Work Hard에만 치중해 와서가 아닐까요? 그럼 이제부터 Think Hard한다면 노벨상을 받을 확률이 얼마나 될까요? 그리고 나아가서 Sense Hard로 발전시킨다면 그 확률은 얼마나 높아질까요?

시간만 때우는 학습을 하고 있지 않습니까?

"세계적 권위를 가진 노벨상 수상의 차이는 학습 패러다임"

학습 패러다임	Work Hard	Think Hard	Sense Hard
내용	3당 4락, 4당 5락 시간과 몸으로 하는 학습	몸보다 머리를 쓰라는 (생각의 습관 강조)	눈썰미, 직관, 직감, 분석, 종합, 공감
노벨상 수상 비율	0%	?%	?%

3당 4락이란 3시간만 자고 공부하면 입시에 합격하지만 4시간 자면 실패한다는 웃고픈 어구입니다. 4당 5락도 마찬가지입니다. 이들의 공통점은 Work Hard, 즉 몸과 시간만으로 열심히 한다는 것입니다. 이에 비해 Think Hard는 생각하는 학습을 강조합니다. 마치 인지주의, 구성주의처럼. 그리고 Sense Hard는 공부를 하면서 분석, 종합, 공감을 기반으로 문제를 파악하면서 공부하는 것을 강조합니다. 그것이 바로 WPBL이라고 할 수 있습니다.

Guide. Sense Hard하는 자신의 모습을 그려 보세요. 그리고 지금 어떤 방식으로 학습하고 있는지 적어 보세요.

2. 문제를 대하는 인재의 유형

1) 문제는 기회이다

문제인식에서 대상이 되는 문제는 결국 Sense Hard의 대상이 됩니다. 대학공부 성공하기 A⁺에서 강조하는 학습의 과정 모델인 WPBL은 결국 현장의 문제를 중심으로 공부하라는 것을 말하고 있습니다. 즉, 대학수업에서 다룬 내용을 그대로 암기하려고 하지 말고 삶의 현장에 있는 문제들과 연계하여 학습하는 것이 중요하다는 것입니다.

무엇을 가지고 Sense Hard?

왜냐하면 그러한 문제들은 교과 내용을 내 머릿속에서 연결할 때 맥락의 역할을 하기 때문입니다. 여기서 문제를 바라보는 관점을 변화시키는 것이 중요합니다. 문제란 나를 귀찮게 하는 뭔가 부정적인 것일 수도 있지만, WPBL에서는 나를 발전시키는 학습을 위한 귀한 기회로 봅니다.

문제는
기회이자
자산이다.

즉, 학습의 시작은 뭔가 이상하다는 문제인식에서 시작된다고 봅니다. 뭔가 이상하다는 것은 그 순간 학습자가 가지고 있는 지식으로는 잘 풀리지 않는다는 의미입니다. 그것은 곧 궁금증이 되며, 궁금증을 해결하려는 노력이 학습활동이므로 자연스럽게 학습자는 맥락이 있는 학습을 할 수 있게 됩니다.

여기서 문제를 설명하면 다음과 같습니다. 즉, 문제란 학습자의 주관적 인식의 과정에서 지적 갈등이 유발되게 하는 것입니다. 지적 갈등이란 아는 것이 제대로 작동되지 않는 것을 의미하는데, 그 경우에 인간은 그것을 해결하기 위해 뭔가를 학습하려는 행동을 하게 됩니다. 좋은 말로는 지적 호기심과도 관계가 있습니다. 이에 따라 WPBL에서는 문제를 다음과 같이 정의합니다.

문제란
업무 수행의 성과를 예측할 수 있게 하는 수단으로서
수행자의 전문적 관점의 틀 속에서
부자연스럽게 인식되는 (단칼에 떠오르는) 핵심 포인트이다.

이 정의에서 수행자란 현장에서 업무를 수행하는 근로자일 수도 있고, 여러분처럼 대학생 학습자일 수도 있습니다. 수행자는 자신이 있는 현장에서 문제를 인식하고 그 문제를 해결하려는 노력을 해야 그 과정에서 학습이 제대로 발생할 수 있습니다. 왜냐하면 그 인식된 문제들이 학습하는 내용에 대해 맥락을 제공하기 때문입니다.

뭔가 부자연스럽게 인식되는 핵심 포인트라는 표현을 살펴보면, 우선 수행자는 항상 주변 현장을 살피면서 다양한 문제를 파악하려고 노력하는 것이 중요합니다. 이러한 노력이 꾸준히 계속된다면 그는 어느 순간에 자기가 존재하는 현장에 대해 생생하게 이해하게 되며, 그 결과 순간적으로, 즉 단칼에 떠오르는 문제(뭔가 이상하다고 느껴지는 것)를 인식하는 현상을 경험하게 될 것입니다.

그러면 그렇게 인식된 문제들은 나의 경력개발 과정에서 학습을 위한 귀중한 기회가 되고 자산이 될 것입니다. 왜냐하면 나의 성과를 높일 수 있는 꺼리를 가지게 되기 때문입니다. 즉, 핵심 포인트를 자신의 머릿속 스키마에 정착시켜서 앞으로 진행될 학습을 위한 근거지나 맥락을 가지게 되는 것입니다.

여기서 한 가지 생각해 볼 것이 있습니다. 바로 WPBL에서 문제를 대하는 접근에 대한 것입니다. 다음의 표를 한번 읽어 보세요. 이 문제들의 공통점은 무엇일까요?

1. 출제자의 의도를 잘 파악하여 풀어야 하는 '문제'
2. 가정, 추론을 통해 결론을 도출해야 하는 '문제'
3. 해결방법을 내포하고 있는 정답이 있는 '문제'
4. 스스로 겪으면서, 나를 괴롭히는 '문제'(아씨 문제)

▶ 이 문제점들의 공통점은 이미 '문제가 발생했다'는 것입니다.

이 문제들은 다양한 성격과 특징을 가지고 있지만, 첫째는 누군가에게 주어진 문제라는 것입니다. 즉, 수행자가 스스로 발견한 문제가 아니라 해결이 필요한 수행자에게 주어진 문제라는 것입니다.

둘째는 여기에 제시된 문제들은 이미 발생된 문제라는 것입니다. 즉, 수행자가 그 자리에서 발견한 문제가 아니라 해결을 전제로 이미 과거에 발생해서 현재 수행자에게 주어진 것입니다.

WPBL에서는 이렇게 이미 발생한 문제를 중요시하지 않습니다. 왜냐하면 이들 문제는 수행자에게 해결만을 요구하므로 수행자는 문제에 대해 수동적이 되고 해결안 도출에만 집중하게 만듭니다.

이와 반대로 WPBL에서는 수행자 스스로 발견한 문제를 중시합니다. 즉, 문제에 대해 수동적이 아니라 본인이 문제를 발견하는 능동적인 접근을 통해 그 문제를 스스로 해결해 나가는 과정을 중시합니다. 이때 학습이란 그 과정에서 자연스럽게 발생한다는 입장입니다.

Guide. 문제가 어떻게 자신에게 기회와 자산이 될 수 있는지 적어 보세요.

____

____

____

____

____

2) 문제를 대하는 인재의 유형

문제를 대하는 모습에 따라 인재를 구분해 보세요. 여러분은 어떠한 인재로 성장하는 것이 필요할지 한번 생각해 볼 기회를 가져봅시다.

◉ 되지 말아야 하는 모습 vs. 되어야 하는 모습

Don't	Do
1) 문제유발형 인재	3) 문제해결형 인재
2) 문제회피형 인재	4) 문제예지형 인재 (문제 예방+문제 창출)

문제센싱형 인재

앞의 도표에서 문제센싱형 인재는 바로 문제인식형 인재를 말합니다. 즉, 문제인식 인재가 되어야 문제를 해결하거나 나아가 문제를 예방, 개선, 창출할 수 있게 됩니다.

첫째, 문제유발형 인재는 언제 어디서든 크고 작은 문제들을 만들어 내는 인재입니다. 사실 조직의 입장에서는 인재라기보다는 문제아, 문제 직원이라고 할 수 있습니다. 이들의 특징은 항상 모든 상황을 감정적으로 대처하고 과거의 성공에 집착하는 경향이 있습니다. 또 매사에 부정적이며, 다른 사람의 말을 경청하지 않습니다. 결국 다른 사람을 배려하지 못하고 이기적이라고 할 수 있습니다.

둘째, 문제회피형 인재는 문제를 인식하지 못하거나 받아들이지 않고 피하거나 무시하는 인재입니다. 이들은 문제를 인식하지 못할 수도 있지만, 인지하더라도 스스로 피한다는 것입니다. 소위 복지부동하는 인재라고 할 수 있습니다. 조직의 발전에 적극적으로 기여하지 않는 인재로서 앞의 문제유발형 인재와 함께 지양해야 할 모습입니다. 이들의 특징은 목표의식이 없고, 뭘 하든지 매사에 무관심하며, 항상 부정적인 생각을 합니다. 그리고 실패에 대한 두려움이 있고 남의 성과를 가로채려 하기도 합니다.

셋째, 문제해결형 인재는 문제가 주어지든, 스스로 문제를 인식하여 파악하든 문제해결을 잘하는 인재입니다. 이들은 자신만의 프로세스를 가지고 문제를 해결할 줄 압니다. 특히 이들은 문제를 찾으면 즉시 대응하며, 문제를 명확히 규정하려고 합니다. 한마디로 문제해결의 실행력이 뛰어난 인재입니다. 이들에게 문제는 위기라기보다는 오히려 해결의 대상일 뿐입니다. 4차 산업혁명 시대의 업무 현장에는 최소한 이러한 인재들이 필요합니다.

다만, 한 가지 구분해야 하는 것은 문제해결형 인재의 경우 단지 주어진 문제만 잘 해결한다는 모습을 극복해야 한다는 점입니다. 문제가 누구로부터 나에게 주어지기 전에 스스로 지금 발생한 문제를 인식하는 것을 전제로 해결하는 것이 더욱 바람직하다고 할 수 있습니다.

넷째, 문제예지형 인재는 문제인식을 미래에 발생할 문제에 적용하는 인재입니다. 즉, 문제인식을 통해 미래의 문제를 예상하는 인재를 문제예지형 인재라고 할 수 있습니다. 이들의 특징은 항상 긍정적 마인드를 가지고 문제를 바라보며, 따라서 문제를 자신의 발전을 위한 기회로 만들어 갑니다.

이들은 프로액티브(proactive)합니다. 즉, 단순히 반응하는 것(reactive)을 넘어서 새로운 방향을 탐색하면서, 경우에 따라서는 새로운 문제를 만들어 아이템 개발로 연결시켜 기획하는 역량 있는 인재들입니다. 4차 산업혁명 시대에 꼭 필요한 인재들로서 현장에서는 그만큼 높은 보수로 가치를 인정받을 수 있는 인재들입니다.

정리하면, 문제인식이 뭔가 이상하다고 느끼는 것이라면, 문제예지는 지금의 문제가 아니고 앞으로 발생할 문제가 될 잠재 요인을 파악하여 해결대상으로 선정하는 것이라고 할 수 있습니다.

이때 해결이란 크게 세 가지를 의미합니다. 첫째 의미는 예방한다는 의미입니다. 즉, 문제가 예상되면 그 문제가 발생하지 않도록 관련된 원인들을 제거하여 그 문제가 발생하지 않도록 하는 것입니다. 사실 이러한 역량은 업무 현장에서 매우 중요한 역량입니다. 소위 일 못하는 근로자들은 그렇지 못하며, 심지어 그렇게 하려는 태도도 없는 경우가 많습니다.

둘째 의미는 문제를 예상하여 현재를 개선하려는 노력을 한다는 의미입니다. 예를 들어, 지금 찐빵 4개를 팔았을 때 10개를 팔 수 있을 것 같다면 그 차이인 6개는 예상되는 문제로 설정할 수 있습니다. 즉, 6개를 더 팔 수 있는데 왜 못 팔지, 뭔가 이상하다 하고 단칼에 떠오르는 것이 문제예지입니다. 그 결과는 6개를 더 팔기 위한 개선안을 마련하는 근거가 됩니다.

셋째 의미는 문제를 창출한다는 의미입니다. 이것은 단순히 예상하는 범주를 넘어 현재까지의 상황에서는 도저히 생각할 수 없었던 아이템을 떠올리는 것을 의미한다는 점에서 개선의 의미와는 차원이 다르다고 할 수 있습니다.

4차 산업혁명 시대는 아이템의 시대입니다. 나만의 아이템이 있는 자가 승리하는 시대입니다. 그것은 지적재산권으로 보장받기도 합니다. 예를 들어, 날개 없는 선풍기를 누가 개발할 수 있었을까요? 바로 문제인식을 할 수 있는 인재가 개발했을 것입니다. 선풍기는 당연히 날개를 가지고 있어야 바람을 일으킬 수 있다는 상식을 넘어 누군가는 그 이상을 문제인식했을 것입니다. 이러한 경우에 문제창출이라는 단어로 표현할 수도 있습니다. 그리고 그 결과는 다음과 같이 날개 없는 선풍기라는 아이템으로 현실화된 것이라고 할 수 있습니다.

출처: 다이슨 홈페이지(https://www.dyson.co.kr).

다음 그림은 문제예지형 인재의 이점을 표현해 본 것입니다. 문제예지형 인재는 다른 인재들보다, 예를 들어 문제유발형 인재나 문제회피형 인재보다 결국 두 걸음 더 앞서가는 업무를 수행한다고 할 수 있습니다. 이는 현장 업무에서 성과로 이어지게 됩니다.

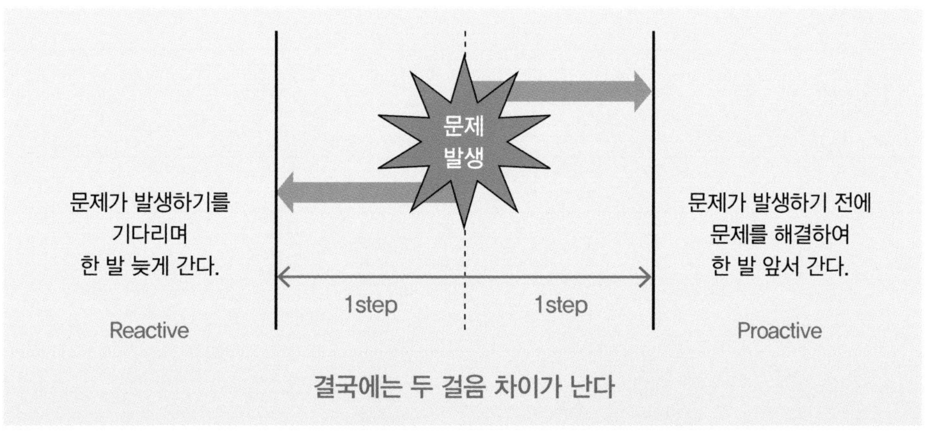

대학생 시절에 경력개발을 시작하면서 문제를 대하는 태도를 보다 긍정적, 프로액티브하게 정립할 필요가 있습니다. 다음의 요약문을 읽어 봅시다.

문제를 못 느끼는데 발전이 있을까?

안정과 편안함을 추구하고자 하는 인간의 속성
지금 당장 나의 욕구충족에 결핍이 없으면 움직이려고 하지 않는다.

그것을 극복하는 인재만이 진정 성공하는 인재이다.

문제는 나를 돌아보게 하고,
문제는 나에게 도전을 요구하고,
문제는 내가 아는 것을 검증하게 하고,
문제는 나에게 아픔을 줄 수 있기에

문제를 만나면 자연스럽게 받아들이고 적극적으로 해결하려는 자세가 필요하다.
왜? 그것은 내가 더 나은 나로 발전해 갈 수 있는 기회이니까.

Guide. 문제를 바라보는 자신의 관점 변화의 필요성에 대해 적어 보세요.

____

____

____

____

____

____

3) 문제발견 방법

문제인식 역량의 중요성을 파악하면서 우리는 그럼 문제인식을 어떻게 하는가라는 질문을 할 수 있습니다. 마냥 바라만 보고 있으면 문제가 인식되는 것일까요? 물론 그런 경우도 있습니다. 불현듯 떠오르는 문제들이 있을 수도 있기 때문입니다. 그러나 WPBL에서는 문제인식을 통한 문제발견을 위해 다음과 같은 가이드를 제시합니다.

◉ 문제발견 단계

- 바람직한 상태를 결정한다.
- 현 상태를 확인한다.
- 그 차이를 파악한다.

특정 상황에서 자신만의 바람직한 상태를 떠올려 봅니다. 이 과정에서 그동안 자신이 머릿속에 가지고 있던 프라임 아이디어가 작동하게 됩니다. 즉, 자신의 평소 프라임 아이디어가 내실화되어 있을수록 바람직한 상태가 쉽게 떠오릅니다. '어, 저 꽃은 빨간색이어야 하는데'라는 생각에서 자신의 바람직한 상태가 드러나게 됩니다. 그런데 그 꽃을 보니 현 상태가 노란색을 보이고 있다면 왜 빨간색이 아니고 노란색일까라는 차이점을 느끼게 되고, 지적 호기심이 발동될 수 있습니다. 이것을 그림으로 표현하면 다음과 같습니다.

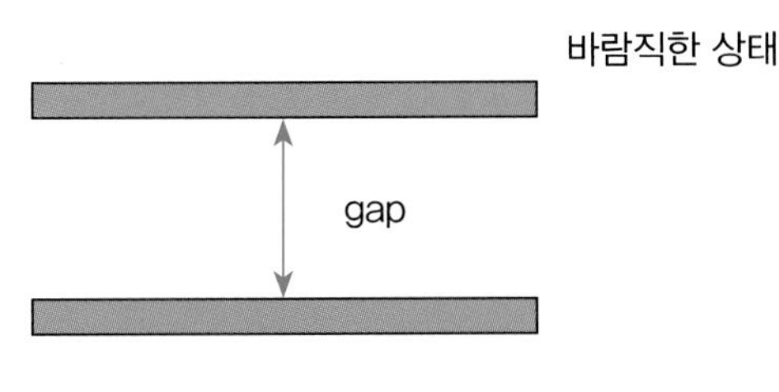

대학 시절에 이러한 연습을 꾸준히 지속하게 되면 취업을 해서도 현장의 문제점들이 보이기 시작할 것입니다. 그리고 그 결과는 새로운 아이템 기획 아이디어로 발전할 수 있게 됩니다.

사실 문제를 발견하는 방법에는 다음과 같이 여러 가지가 있습니다.

◉ **문제발견 방법**

발견을 통해 그 문제를 구체화한다.

내적 성찰, 즉 깊은 사고를 통한 발견: '내가 왜 이렇게 되었지?' '저게 왜 저렇지?' '왜 내 기분이 안 좋지?'
문헌 고찰: "앞뒤가 안 맞는데요."
관찰 오감을 통한 감각적 발견: "거스름돈이 부족한데요." "6cm 모자랍니다." "3개가 부족해요."
소통을 통한 차이점 발견: "나를 좋아하지 않는구나."

내적 성찰을 깊게 하거나, 다양한 문헌 고찰을 하면서, 아니면 실제 관찰하며 오감을 작동시키는 문제를 발견할 수 있습니다. 또 필요시는 상대방과 대화를 하면서 그리고 현장에 직접 참여하여 함께 활동해 보면서도 문제발견은 가능합니다. 그리고 이러한 문제발견은 발견 시점을 기준으로 다음과 같이 분류할 수 있습니다.

첫째, 현재 시점에서 바람직한 상태를 결정하고 현 상태와의 차이를 파악하는 것입니다. 이러한 접근은 이미 발생한 문제를 지금 시점에서 인지하는 것이라고 할 수 있습니다. 다음 그림에서 볼 수 있듯이, 문제는 이미 과거에 발생해서 존재하고 있는데 그것을 수행자가 마치 지금 발견한 것처럼 여기는 것입니다. 지각하는 학생들의 수가 5명이라면 그것이 바로 차이이며 문제로서 해결의 대상이 됩니다.

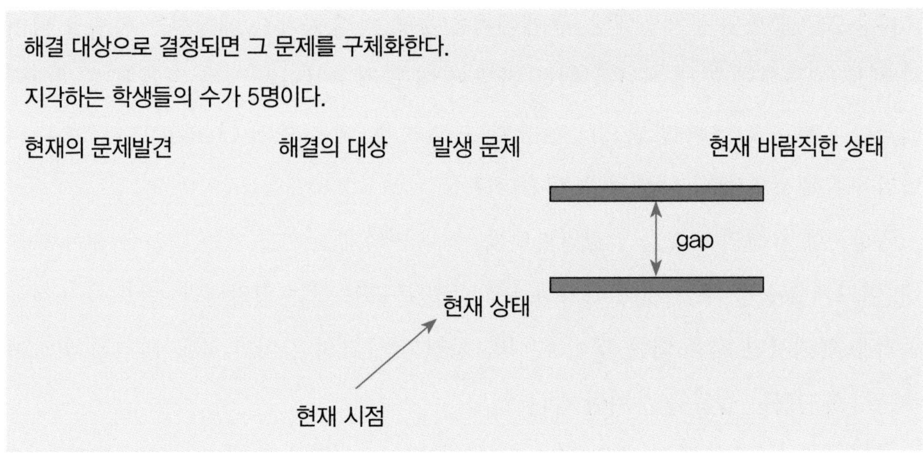

둘째, 미래 시점에서 미래의 바람직한 상태를 결정하고 그 미래 시점의 현 상태와의 차이를 파악하는 것입니다. 이러한 접근은 문제인식에서 문제를 예상하는 경우에 발생합니다. 즉, 지금은 문제가 없지만 미래의 특정 시점에 5명이 지각할 것으로 예상되는 경우입니다. 이를 그림으로 표현하면 다음과 같습니다. 즉, 앞으로 5명이 지각할 것으로 예상되면 예측 문제는 5명이 지각이 되는 것이므로 예방의 조치가 필요하게 됩니다.

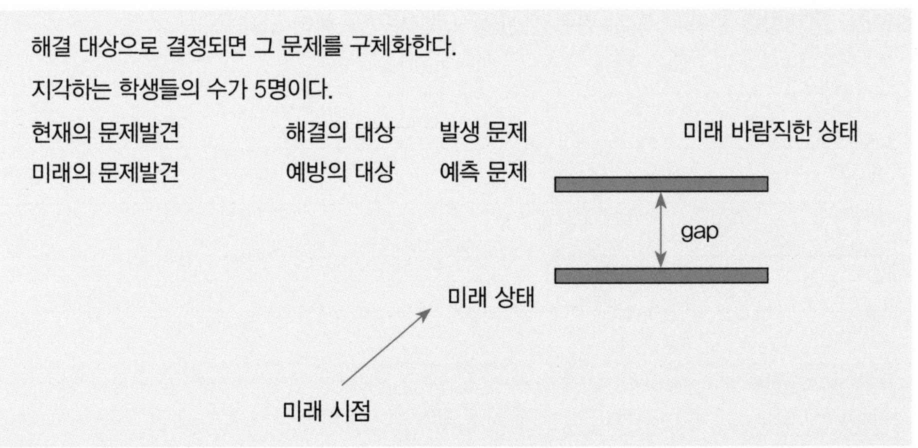

다음으로 창조의 문제입니다. 문제예지를 통해 미래 문제를 예상하는 차원을 넘어서 새로운 문제를 미래 시점을 위해 만들어 내는 경우입니다. 4차 산업혁명 시대에 이러한 역량은 다양한 방법으로 향상될 수 있는데, 예를 들어 ChatGPT나 로봇과의 협업을 통해서도 보다 향상될 수 있습니다.

평상시에 자신의 사고를 말랑말랑하게, 즉 유연하게 도서를 하는 연습을 해야 하는데, 여기에 도움을 주는 것이 다양한 분야의 인문교양 읽는 것입니다. 반드시 특정한 목적을 위해서만 책을 읽는 것이 아니라 자신의 사고의 깊이와 폭을 넓히기 위하여 차분히 독서하는 습관을 가져야 합니다.

이때 중요한 것은 빨리 많은 책을 읽는 것보다는 정독하면서 저자와의 대화를 즐기는 자기 속도의 책 읽기입니다. 이 과정을 통해 미래 시대를 예측할 수 있는 안목도 발전할 수 있기 때문에 미래 문제 창출에 도움이 될 것입니다.

제2장에서 다루었던 경력개발의 과정에서 문제창출을 위한 역량을 어떻게 향상할 수 있는가에 대한 생각을 반드시 포함하여 수행할 것을 권고하는 바입니다. 자기만의 아이템이 있는 시대가 전개된다면 문제창출 역량은 그 핵심이 되기 때문입니다.

Guide. 문제창출 인재가 되기 위한 자신의 노력 방안을 적어 보세요.

3. 나의 학습방법

1) 나는 어떻게 학습하고 있는가

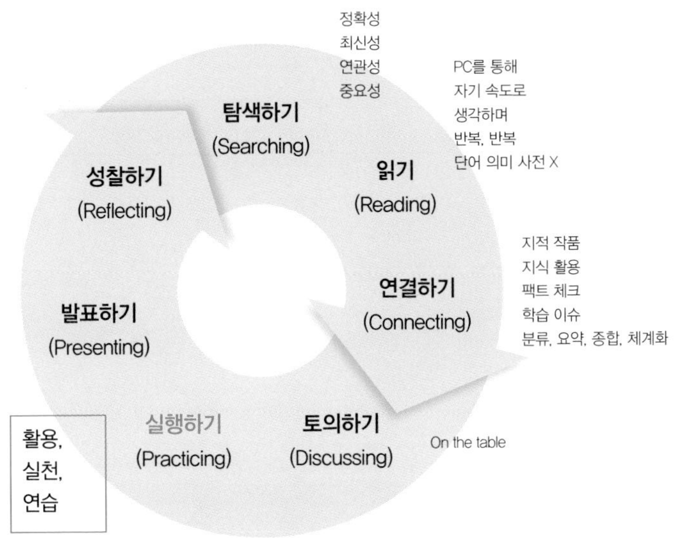

프랙티스 활동이란 지식을 자기 것으로 만들어 가기 위해 자신이 활용하는 학습전략, 학습전술 등의 총체를 말합니다. 배운 지식을 실제 상황에 적용해 보는 것도 해당됩니다. 계획을 세웠으면 그에 따라 실천해 보는 것도 프랙티싱입니다.

활용, 실천, 연습의 방법은 개인차에 맞게 실행할 수 있습니다. 이때 중요한 것이 내가 잘하는 방법을 사용하는가 아니면 내가 선호하는 방법을 사용하는가 입니다.

내가 잘하는 방법을 사용하면 효율적일 수 있습니다. 그러나 그 방법만을 고집하다 보면 보다 발전된 방법을 시도하지 못하게 될 것입니다. 그렇다고 내가 잘하지도 못하면서 하고 싶은 방법을 무작정 시도하면 실패를 맛볼 수 있습니다. 따라서 새로운 선호하는 방법일 경우에는 반드시 사전에 준비를 철저하게 하는 것이 중요합니다.

Guide. 나의 실천방법에 대해 적어 보세요.

10장

돌아보자: 3차 노트 잘하기

학습 목표

1. 3차 노트의 필요성을 설명할 수 있다.
2. 자신의 3차 노트 작성방법을 제시할 수 있다.
3. 자신의 3차 노트를 평가할 수 있다.
4. 초인지 활용에 대해 설명할 수 있다.

학습 목차

1. 3차 노트는 왜 하나요
2. 3차 노트 작성방법
3. 나의 학습방법

개요

1차 노트에서는 현장 이해를 강조하였고, 2차 노트에서는 지적 작품을 강조하였습니다. 3차 노트에서는 자기점검을 강조합니다. 즉, 자신의 수행하는 모든 학습활동이 제대로 진행되고 있는지 수시 점검의 주체가 바로 자신이라는 것을 인식하는 것이 중요합니다. 3차 노트란 학습한 내용과 방법에 대한 자신만의 돌아봄 노트입니다. 내가 나를 돌아봄으로써 아쉬운 것, 잘한 것 등이 새롭게 떠오르고, 그것은 그다음의 수행의 개선에 도움을 줄 수 있기 때문입니다. 대학생으로서 돌아봄이 있는 학습활동을 전개하면 대학공부 성공하기 A+는 꼭 달성될 것입니다.

Guide. 자신의 노트 작성방법에 대해 적어 보세요.

1. 3차 노트는 왜 하나요

1) 3차 노트의 의미와 필요성

자신을 돌아보지 않는 사람은 발전하지 못합니다. 3차 노트라고 하면 "아니 노트필기를 3번이나 하나요?"라고 질문할 수 있습니다. 대학생으로서 여러분이 어떤 행동을 했을 때 잘했는지 아닌지 돌아보는 것은 발전을 위해 필수적이라고 할 수 있습니다. 대학공부 성공하기 A+는 그냥 저절로 달성되지 않습니다. 끊임없는 자기 발전 노력이 있을 때 가능합니다. 3차 노트는 자기 발전 노력의 일부입니다.

쉽게 말해서 3차 노트는 나를 돌아보는 거울입니다. 거울을 보면 내 얼굴이 나타납니다. 3차 노트를 보면 나의 행동들이 나타납니다. 따라서 3차 노트에는 학습하는 나의 모습을 담아야 합니다. 그래서 흔히 성찰노트라고도 합니다. 자신의 학습행동을 돌아보면서 개선점을 찾고 해결안을 생각해 볼 수 있습니다. 즉, 3차 노트는 대학생들에게는 자기 발전을 위해 필수불가결한 도구입니다. 평상시에 자신이 어느 정도 성찰을 하며 살고 있는지 떠올려 봅시다.

여기서 한번 생각해 봅시다. 왜 자기를 돌아봐야 하는지. 돌아본다는 것은 뭔가 아쉬움을 전제로 하는 경우가 많습니다. 인간은 아쉬움이 없을 때는 잘 돌아보지 않는 경향이 있습니다. 항상 모든 게 잘되는 것 같은 상황에서는 거기에 빠져서 앞만 보고 달리기 쉽습니다. 그러나 별안간 안 좋은 일이 닥칠 때 아차하게 됩니다. '왜 이런 일이 발생했지.' 그때서야 돌아보게 됩니다. 아쉬우니까요.

따라서 1차적으로 3차 노트를 쓴다는 것은 자신이 아쉬운 점이 무엇인지 파악하기 위한 것입니다. 그것은 뭔가 자신이 기대한 대로 잘 이루어지지 않았다는 것을 시사합니다.

그리고 2차적으로 만약 모든 것이 잘 되고 있을 때 3차 노트를 쓰라고 하면 아마도 자신의 성공을 자랑하고 왜 성공했는지를 분석하는 내용들이 기록될 것입니다. 그런 경우에는 그러한 3차 노트는 아마도 성찰노트라고 하지 않고 자랑노트라고 할지도 모릅니다. 그러나 그러한 의미의 3차 노트를 쓰기 위해서도 자신의 행동을 돌아봐야 합니다.

결론적으로 이렇게 정리해 봅시다. 나는 3차 노트를 쓴다. 왜? 1차적으로는 아쉬운 점이 무엇인지 파악하고 무엇이 잘못되었는지를 돌아보기 위해서, 그리고 2차적으로는 앞으로 더 잘하기 위해서 무엇을 잘했는지 돌아보기 위해서라고 할 수 있습니다. 여러분의 3차 노트가 점차 자랑노트가 될 수 있도록 해 봅시다. 여기서 시행착오라는 것을 받아들이는 것이 중요합니다. 시행착오를 두려워하면 발전이 없습니다.

Guide. 3차 노트의 필요성에 대해 적어 보세요.

---

2) 시행착오는 젊음의 특권

인생은 성공과 실패의 연속입니다. 여러분의 경력개발 과정에서 달콤한 성공이 쓰라린 실패보다 비중이 더 많을수록 행복한 인생을 살 수 있지만 실패 없는, 즉 실패비중 0%의 인생은 없을 것입니다.

그럼 피할 수 없는 실패 경험들을 어떻게 활용해야 할까요? 거꾸로 생각하는 것입니다. 나에게 실패가 닥치는 것은 내가 보다 잘되기 위한 기회가 주어진 것이라고 생각하는 것입니다.

실패는 기회이다.

여러분도 알고 있는 '실패는 성공의 어머니이다'라는 명언을 머릿속에 항상 간직하기 바랍니다. 여러분은 젊습니다. 스무 살에 시작하는 '6의 법칙'을 다시 한 번 떠올려 봅시다. 그때부터 6년 단위로 경력개발의 단계를 설정하고 '12년 준비의 원칙'을 지켜 나간다면 지금 내가 겪는 실패는 성공을 위한 징검다리일 수 있습니다.

젊은이의 순발력과 강한 체력으로 노후자산을 준비해 가는 과정을 어렵게 생각하지 말고 즐거운 여행이라고 생각하기 바랍니다. 젊은이들은 특권을 가지고 있습니다. 그것은 곧 시행착오의 특권입니다. 따라서 시행착오를 두려워할 필요가 없습니다.

나의 경력개발 과정에서 나타나는 장애물들은 어차피 나타나는 것이므로 그것들을 문제로 볼 때 과감히 도전하여 뛰어넘는 노력을 계속하면 됩니다. 시행착오는 발생하지만 젊음의 특권으로 극복하면 됩니다. 스스로 노력하는 과정에서 지금 내가 생각하고 행동하는 것이 잘못되었다고 좌절하기보다는 언제든지 수정하는 것이 젊음의 특권입니다. 지금 당장 시작하기 바랍니다.

지금 시작하자!

Act right now, here!

지금 여러분이 서 있는 그곳에서 당장 시작합니다. 나중에 하면 되지 하고, 미루기 시작하면 계속 미루어질 수 있습니다. 지금 있는 그곳에서 한번 높이 뛰어 보기 바랍니다. 즉, 도전해 보기 바랍니다. 시행착오는 있겠지만 의외로 장애물들이 사라질 수도 있습니다. 왜냐하면 나는 젊은이로서 노력하고 있기 때문입니다. 노력하지 않는 젊은이는 계속 문젯거리를 머리에 가지고 고민만 하고 있을 것입니다.

시행착오는 젊음의 특권이다.

Guide. Act right now, here!를 실천하고 있는지 적어 보세요.

2. 3차 노트 작성방법

1) 3차 노트 작성하기

- 시간 순서대로 학습활동을 성찰하는가?
- 수업 내외의 활동을 연계하여 성찰하는가?

- 동료 학생들로부터 배운 점을 성찰하는가?
- 자신의 부족한 점을 성찰하는가?
- 자신의 강점을 성찰하는가?
- 자신의 발전 과정을 성찰하는가?
- 자신의 지식구성의 능동성 여부를 성찰하는가?
- 자신의 공감 노력을 성찰하는가?

출처: 송상호(2023). p.203.

3차 노트 작성방법이 일정한 틀이 있는 것은 아닙니다. 그러나 위의 포인트들을 참조해서 자신만의 작성방법을 만들어 가는 것을 권고합니다. 특히 중요한 것은 3차 노트를 작성할 때 학습내용에 대한 성찰과 학습방법에 대한 성찰을 구분하여 작성하는 것입니다.

학습내용에 대한 성찰이란 내가 이번에 어떤 지식을 배우면서 무엇을 느꼈는지, 왜 그 의미 파악을 제대로 못했는지 등을 돌아보는 것입니다. 어떤 내용이 나에게 어떠한 충격을 주거나 감흥을 주었는지, 어떤 이론에 좀 더 마음이 가는지 등에 대한 기술도 좋습니다. 예를 들어, 양자역학을 학습하면서 그 내용 자체에 대해 잘 모르는 것을 기술할 수도 있지만 양자역학을 학습하는 과정에서 내가 세상을 바라보는데 어떻게 도움이 되었는지를 언급해도 됩니다.

학습방법에 대한 성찰은 수업 내에서 자신이 어떠한 학습활동을 했는지 떠올려 보며 잘한 점과 아쉬운 점을 기술하는 것입니다. 또한 수업 밖에서 과제를 하거나 현장 방문, 아니면 팀 활동을 할 때 나의 학습활동이 효율적이었는지, 개선할 점은 없는지 등을 기술하는 것이다.

3차 노트를 작성하는 궁극적인 목적은 개선하기 위함입니다. 내가 공부하고 있는 학습내용과 학습활동을 점검함으로써 보다 나은 시도를 하기 위한 포인트를 찾는 작업이기도 합니다. 특히 3차 노트에서 학습하는 방법에 대한 돌아봄과 개선을 위한 노력은 강조될 필요가 있습니다. 예를 들어, 구구단을 암기할 때 자신은 몇 분 동안 몇 번이나 반복해야 암기를 할 수 있었는지를 적어 보는 것입니다. 그리고 이러한 시간과 반복 횟수를 줄여야 한다는 자각을 적고, 그에 따라 해결책도 탐색하면서 적은 것도 3차 노트의 내용이 됩니다.

Guide. 자신의 3차 노트 작성방법을 적어 보세요.

___

___

___

___

___

___

2) 초인지의 중요성

3차 노트를 작성하는 데 가장 관련 있는 역량이 초인지 활동입니다. 초인지란 자기의 인지 과정에 대한 지식이나 인식을 의미합니다. 그런 이유로 WPBL에서는 초인지 활동을 전체 학습활동의 가장 중심에 놓습니다. 모든 인간의 인지활동에 대해 통제권을 발휘하는 심리적 활동이기 때문입니다.

보다 세부적으로 설명하면 초인지는, 첫째, 자기 지식에 대한 지식을 의미합니다. 즉, '내가 알고 있는 것은 무엇이야'라는 지식이 있으면 자기 자신이 알고 있는 것에 대한 자기평가가 가능합니다.

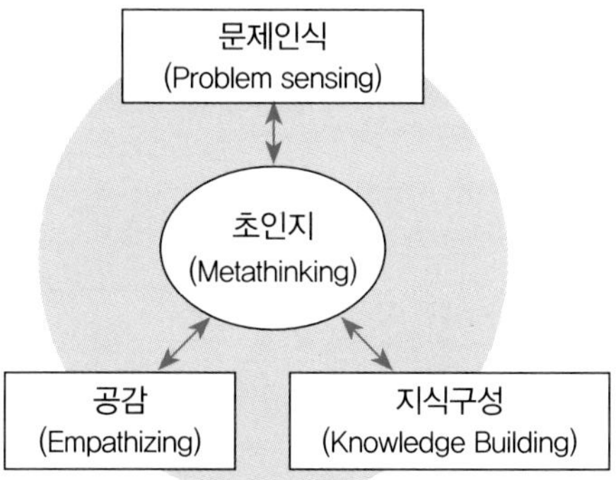

둘째, 자기 인지 과정에 대한 점검을 의미합니다. 즉, 단어를 암기하고 있을 때 내가 지금 암기를 잘하고 있는지 처음부터 그 과정을 스스로 모니터링하는 활동입니다. 끊임없이 모니터링하는 상태이므로 그 과정에서 암기가 잘 안 되면 '왜 안 될까'를 파악하게 하는 데 도움이 됩니다.

초인지

- **자기 지식에 대한 지식**
- **자기 인지 과정의 점검**
- **자기 인지 과정의 통제**

셋째, 인지 과정에 대한 통제활동입니다. 초인지는 자신의 인지활동을 모니터링하고 있다가 잘못된 것이 파악되면 개선 방안을 결정하여 실행하는 통제활동을 하게 됩니다. 이것을 그림으로 표현하면 다음과 같습니다.

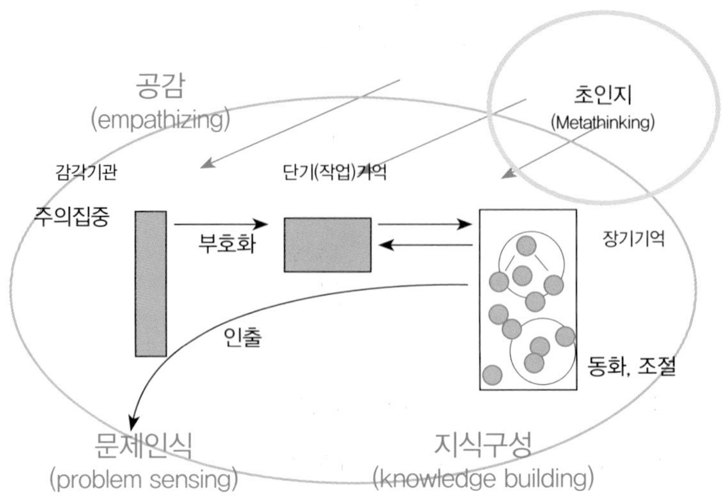

예를 들어, 영어 단어를 암기하는 학습활동을 하는 과정에서 3번씩 반복해서 암기해도 잘 되지 않으면 '이제부터 5번씩 반복하자'라고 통제하는 역할을 하는 것이 초인지의 통제기능입니다.

소위 자기주도학습을 잘하는 학생은 초인지 활동을 잘하는 학생이라고 할 수 있습니다. 이러한 초인지 활동은 3차 노트를 통해 발전될 수 있습니다. 즉, 꾸준히 3차 노트를 작성해 나가면 3차 노트의 완성도가 높아지면서 3차 노트는 자기주도학습의 발판이 될 수 있습니다.

여기서 잠시 페다고지와 안드라고지를 구분해 볼 필요가 있습니다. 페다고지에서는 학생들이 매우 어려서 스스로 결정하는 데 어려움이 있을 것이며 따라서 선생님이 우월적 지위에서 잘 가르쳐야 한다는 입장입니다. 이는 주로 어린 학생들을 가르치는 관점에서 나타납니다.

3차 노트는

자기주도학습의 발판이다.

페다고지 ➡ 안드라고지

그러나 안드라고지 입장에서는 학생 스스로 자신이 무엇을 학습하고 어떻게 학습할 것인지를 알고 있다는 가정을 합니다. 즉, 성인의 경우에는 자신의 학습에 대한 모든 결정을 본인이 할 수 있으므로 보다 자기주도학습이 필요하고 가능하다는 입장입니다.

여러분은 대학생입니다. 이제 성인이 된지 얼마 지나지 않았지만 이제부터 본격적인 성인 학습자로서 안드라고지를 실현할 수 있어야 합니다. 그리고 그것은 초인지 활동을 활성화해야 한다는 의미가 될 수도 있습니다.

여기서 잠시 지능과 초인지의 관계를 설명해 보겠습니다. 공부를 잘하는 학생들은 모두 지능이 높은가요? 지능만이 성적을 좌우하나요? 이들 질문에 대한 저자의 대답은 그렇지 않다는 것입니다.

흔히 IQ라고 불리는 지능점수 때문에 고민하는 친구들도 있을 텐데 그럴 필요가 없다고 생각합니다. IQ는 상당 부분 선천적인 것도 있어서 진짜 천재들이라면 학업성취가 뛰어날 수도 있습니다. 그러나 IQ가 평균 정도의 수준이면 누구나 노력에 의해서 학업성취가 높아질 수 있다고 저자는 생각합니다. 다음의 비교표를 보기 바랍니다.

◉ **지능 vs. 초인지**

- 선천적 vs. 후천적
- 재능 vs 노력
- 낙담 vs. 자신감

초인지는 지능에 비교할 때 훈련을 통해 후천적으로 발전될 가능성이 크다고 생각합니다. 즉, 노력을 통해 꾸준히 연마해 가면 자신의 공부 성과에 큰 영향을 줄 수 있으며, 그 결과 여러분은 자신감 있는 공부를 계속 해 나갈 수 있습니다.

지능과 같이 선천적인 재능이 없다고 낙담하고 열등감에 빠져들면 우울한 인생을 살게 됩니다. 오히려 초인지에 집중하여 자신의 학습 과정을 점검하며 통제하는 연습을 스스로 해 나간다면 여러분이 원하는 대학공부 성공하기 A⁺는 달성 가능할 것입니다. 다음 그림에서 희망과 확신을 가지기 바랍니다.

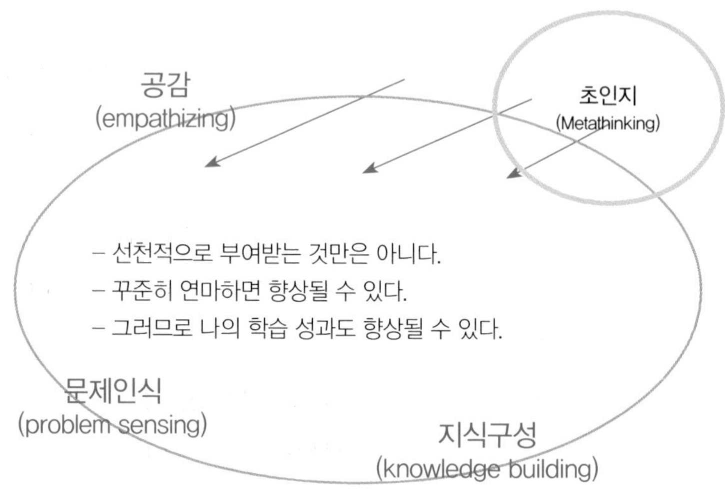

그럼 어떻게 초인지를 발전시킬 수 있을까요? 우선 자신감을 가지고 자신에게 묻기 바랍니다. 내가 지금 잘하고 있나? 좀 더 개선될 수 없을까? 그리고 스스로 답해 보기 바랍니다. 나는 지금 이 정도 하고 있는 것 같다. 그다음에는 개선안을 시도하는 것입니다. 그럼 무엇부터 바꾸어 볼까라고 스스로 물으며 지속적으로 개선하는 노력을 하면 됩니다. 다음의 정리를 참조하기 바랍니다.

◉ 초인지 향상

- 항상 묻는다: 내가 지금 잘하고 있는가?
- 스스로 답한다: 나는 지금 이 정도 하고 있는 것 같다.
- 개선한다: 그럼 무엇을 바꿔 볼까?

예 1

단어당 5번씩 암기한다.

10개의 단어를 암기한 후에 스스로 점검한다. 내가 잘 암기하고 있는가?
쓰는 횟수를 늘려야 하나, 아니면 쓰지 말고 큰 소리로 외쳐 볼까?

예 2

글을 읽기 전에 내용 전개를 예측하는지 생각해 본다.
글을 읽으며 내가 잘 이해하고 있는지 생각해 본다.
잘 이해하지 못한다고 생각되면 개선해야겠다고 생각해 본다.
글 읽는 방법을 개선한다.

앞의 예 1 의 경우에는 단어 암기 학습을 하면서 본인 스스로 점검하며 개선 방안을 시도하고 있습니다. 예 2 의 경우에는 글을 읽을 때 핵심을 파악하기 위해 초인지를 작동하고 있는 사례입니다.

초인지 향상 노력을 꾸준히 지속하면 여러분은 공부하기의 달인이 될 수도 있습니다. 시키는 것만 암기하는 수동적 학습을 넘어서 진정한 자기주도학습의 주인공으로 발전할 수 있습니다.

수시로 자신에게 물어보기 바랍니다. 왜, 어디까지, 무엇을, 어떻게 도달했나를 돌아보기 바랍니다. 이때 자기를 돌아보는 점검과 통제능력이 핵심입니다. 더 이상 1타 강사의 완벽한 설명만을 기대하지 말기 바랍니다. 내가 묻고 내가 답하면서 학습하는 어려움을 즐거움으로 만들어 가면 됩니다. 그래야만 나만의 지식이 생기고, 오래 내 것으로 남을 것입니다.

다음 그림은 학습이 끝나고 24시간 후의 기억확률을 나타내는 학습 피라미드입니다. 듣기, 읽기, 시청각 듣기, 시범 강의 보기, 토론하기, 실행하기, 설명하기 등의 방법에 따라서 기억확률이 달라진다고 합니다. 어느 한 방법에만 머물러 있지 말고 이러한 다양한 방법의 강점을 살려서 자기만의 학습방법을 개선해가도록 초인지를 작동시켜 보기 바랍니다.

여러분이 초인지를 작동하는 대학생이라면 단순히 정보를 장기기억고에 반복을 통해 넣으려고만 하지는 않을 것입니다. 장기기억고에 부호화를 통해 기억하려고 하면서 동시에 장기기억고로부터 인출하여 자기 말로 표현해 보려고도 할 것입니다. 이러한 과정을 반복하면 장기기억고의 스키마가 동화와 조절을 통해서 변해 가며, 지식이 사신만의 것으로 인정되게 위치하게 될 것입니다. 그것은 곧 대학공부 성공하기 A⁺를 가능하게 하는 것입니다.

◉ 학습 피라미드(학습이 끝난 후 24시간 후의 기억 확률)

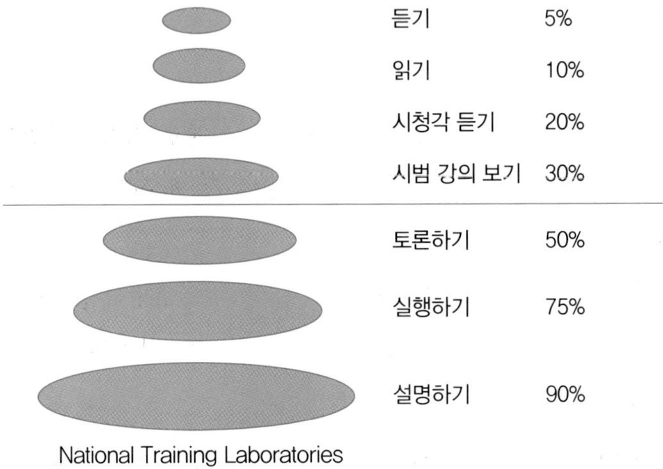

National Training Laboratories

이제 대학생으로서 학습할 때 스스로 체크해야 할 초인지 활동 포인트들을 정리해 봅시다. 항상 다음의 사항들을 염두에 두면서 생활화해 보도록 합시다.

◉ 대학생의 초인지 활성화

- 수강신청 이유가 뭐지라고 생각하는 행동을 하는가?
- 수업목표를 파악하는 행동을 하는가?
- 내가 알고 모르는 것을 판단하는 행동을 하는가?
- 나의 학습방법이 적합한지 생각하는 행동을 하는가?
- 발견된 자신의 학습전략 문제를 개선하는 행동을 하는가?
- 성찰노트를 작성하며 학습 과정 전체를 돌아보고 있는가?

수강신청을 하면서 그냥 하는 것이 아니라 한 번 돌아보기 바랍니다. 내가 왜 이 과목을 수강신청하는 거지? 수업을 들을 때는 수업목표를 파악하고 있는지 확인하기 바랍니다. 수업 시간에 집중하면서 내가 알고 모르는 것에 대해 스스로 점검하는 시도를 해 봅시다.

그리고 그 과정에서 나의 학습방법이 적합한지 돌아봅시다. 만약 자신의 학습전략, 즉 방법에 문제가 있다면 즉각 개선하려는 시도를 해야 합니다.

수업이 끝나면 3차 노트를 작성하면서 학습 과정 전체, 즉 수업 내와 수업 이후의 학습활동을 돌아보기 바랍니다.

Guide. 초인지 활동을 활성화하기 위한 자신만의 전략을 적어 보세요.

___

___

___

___

___

___

3) 3차 노트 평가하기

자신이 작성한 3차 노트를 읽어 보기 바랍니다. 평가할 때 기준은 이미 앞에서 3차 노트 작성하기를 할 때 살펴 본 사항들입니다. 즉, 이러한 포인트들을 가지고 자신의 3차 노트를 평가해 보기 바랍니다. 다시 한번 다음에 제시합니다.

- 시간 순서대로 학습활동을 성찰하는가?
- 수업 내외의 활동을 연계하여 성찰하는가?
- 동료 학생들로부터 배운 점을 성찰하는가?

- 자신의 부족한 점을 성찰하는가?
- 자신의 강점을 성찰하는가?
- 자신의 발전 과정을 성찰하는가?
- 자신의 지식 구성의 능동성 여부를 성찰하는가?
- 자신의 공감 노력을 성찰하는가?

3차 노트 평가 시 혼자만 읽지 말고 동료나 교수님께도 보여 주고 나의 사고의 흐름에 대해 피드백을 받아 보기 바랍니다. 아마 미처 생각하지 못한 관점을 접할 수 있을 것입니다. 특히 교수님과의 1:1 심리적 긴장관계 속에서 3차 노트를 통한 소통은 공감대를 형성할 수 있는 계기가 될 수도 있습니다.

Guide. 자신의 3차 노트 평가 시 특별히 고려할 점이 있다면 적어 보세요.

3. 나의 학습방법

1) 메시지를 전달하자

이제 SRCDPPR에서 Presenting 활동입니다. 이때 가장 중요한 것은 겁먹지 말라는 것입니다.

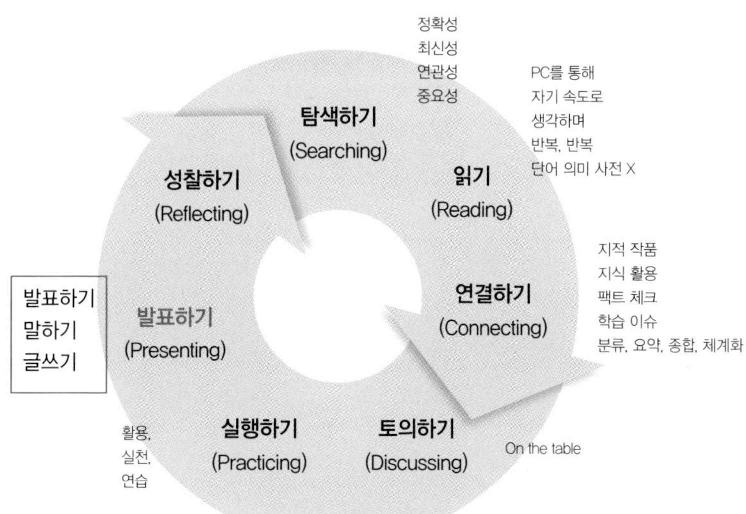

발표하기, 말하기, 글쓰기 모두 자신이 전달하고자 하는 메시지를 담아내야 합니다. 이때 핵심을 선정하여 전달하는 것이 중요합니다. 그리고 그 과정에서 자신감 없어 하거나, 틀리면 어떻게 하나 하는 두려움을 가질 필요가 없습니다. 당당하게 메시지를 전달하기 바랍니다. 그래야 대학생입니다.

Guide. 발표할 때 왜 떨리는지 그 이유를 적어 보세요.

____

____

____

____

____

____

11장

말을 하자, 관점이 생긴다

학습 목표

1. 자신이 입을 다무는 이유를 설명할 수 있다.
2. 동료티칭의 중요성을 설명할 수 있다.
3. On the table 하자.
4. 공감을 습관화하자.

학습 목차

1. 입을 왜 다무는가
2. 동료티칭을 해 보자
3. 토론을 하자
4. 나의 학습방법

상대방과 말을 나누는 것은 곧 나의 생존을 즐기는 방법의 하나이기도 합니다. 혼자서 입을 꾹 다물고 평생을 살 수 있을까요? 인간은 사회적 동물이며, 그것은 서로 간의 소통을 전제로 합니다.

특히 말을 통한 소통은 공감 형성을 위해 필수적이며, 나의 생각을 보다 구체화하는 방법이기도 합니다. 나의 머릿속에 있는 아이디어를 메시지로 만들어 전달함으로써 나의 영향력을 주고, 또 반대로 상대방의 말을 들으며 영향을 받으면서 우리는 성장하고 발달하는 것이라고 할 수 있습니다. 대학생활을 하면서 가능한 한 많은 말을 하는 기회를 가지도록 하기 바랍니다.

Guide. 자신은 말을 통한 소통에 어느 정도 자신이 있는지 적어 보세요.

1. 입을 왜 다무는가

1) 독서실 vs. 교실

여러분은 대학에 왜 왔는지요? 수업 시간에는 교수님의 설명을 적기만 하고, 독서실에 혼자 앉아서 열심히 암기하려고 왔는지요? 네, 그것도 하나의 공부하는 방법이 됩니다. 아마도 이렇게 공부하는 학생들을 우리는 모범생이라고 불렀을 수도 있습니다.

그런데 시대가 바뀌었습니다. 지식을 얻는 최고의 방법이 대학 수업이었을 때는 열심히 받아 적는 것이 최선의 공부방법이었을 것입니다. 그래서 앞에서 1차 노트 공부할 때 우리는 단순 복사기처럼 적기만 하지 말자고 강조했습니다. 왜냐하면 이제 지식과 정보는 인터넷을 통해 또는 Chat GPT 등을 통해 쉽게 얻을 수 있습니다. 이는 이제부터 대학 수업에 참여하는 이유를 다시 생각해 봐야 함을 의미합니다. 그것이 단순 독서실에서의 공부와 수업에서의 공부의 차이입니다.

독서실에서의 공부 vs. 수업에서의 공부

왜 입을 다무는가?

독서실에서 공부의 가장 큰 특징은 무엇인가요? 그것은 입을 다물어야 한다는 것입니다. 조용히 해야 다른 사람들에게 피해를 주지 않기 때문입니다. 열심히 혼자서 수업 시간에 무작정 적기만 한 것을 다시 살펴보거나 수학 문제를 열심히 풀기도 합니다. 단어를 열심히 암기하기도 합니다. 교재 내용을 열심히 읽기도 합니다. 그리고 문제 풀이를 열심히 하기도 합니다. 독서실에서는 그렇게 해야 합니다.

그러나 이 과정에서 빠진 것은 무엇일까요? 그것은 다른 사람들과의 직접 소통을 통한 관점 교류를 즉시적으로 하지 않는다는 것입니다. 오로지 자기 혼자서 생각하고 암기하고 지식을 쌓아 가기에 바쁩니다. 이러한 공부방법의 한계는 분명합니다. 아주 뛰어난 독창적인 이론을 혼자서 독서실에서 만들어 낼 수 없는 것은 아니지만,

그러한 가능성보다는 다른 사람들과의 대화를 통해서 나의 생각을 풍부하게 하는 경험을 하기 어렵다는 것입니다. 그래서 흔히 똑똑한 학생들이 독서실에서 고시원에서 공부하면서 깊이 있는 수준의 공부를 하지만, 가끔은 어딘가 외골수로 빠지는 생각과 의사결정을 하는 행동을 보이기도 하는 것입니다.

『대학공부 성공하기 A+』에서는 수업에서의 행동 변화를 기대하고 있습니다. 즉, 수업 시간에 받아 적기보다는 교수님과 동료 학생들과 대화를 나누라는 것입니다. 대화를 나누기 위해 입을 열면 처음에는 다소 어설프고 서투를 수 있지만, 뭔가 공유한다는 느낌이 들기 시작할 것입니다.

저자는 제 수업에 참여하는 학생들에게 교수님을 째려 보라고 말합니다. 즉, 눈을 지금 작성하고 있는 노트에 두지 말고 교수님의 눈을 째려 보라고 말합니다. 교수님과의 1:1 심리적 긴장관계를 형성하여 교수님의 지적인 관점을 나의 것으로 만들어 가려고 애쓰라고 말합니다. 그러다가 중간중간 핵심만 적는 것이 1차 노트라고 말합니다.

왜 비싼 등록금을 내고 대학에 와서 인터넷에 너무나 많이 쌓여 있는 지식들을 적기만 합니까? 내가 수업에 참여하는 이유는 그 분야의 전문가이신 교수님이 왜 저런 내용을 저렇게 설명하지, 그 핵심은 뭐지라는 궁금증을 가지고 지적인 교류를 하기 위함이어야 합니다. 동료 학생들과는 "너는 어떤 생각을 가지고 있는지 그 지식을 어떻게 이해하고 있니?"를 서로 묻고 교류하기 위해 수업에 참여해야 합니다. 그러기 위해서는 일단 입을 열어야 합니다. 그리고 필요하면 독서실에 가서 혼자 입을 꾹 다물고 공부해도 됩니다.

Guide. 독서실과 수업에서 공부방법의 차이에 대해 적어 보세요.

2) 말하기의 이점

그럼 왜 말하기를 해야 할까요? 결국 나를 위해서입니다. 저자의 입장을 말하면 수업 시간에 말을 해야 하는 이유는 나의 생존을 위한 나만의 지식을 좀 더 탄탄하게 만들어 가기 위한 것입니다. 혼자 만든 지식에 비해 내가 말을 하고 상대방의 피드백이나 의견을 듣는 과정에서 '아차!' 하는 순간을 경험할 수 있습니다. 그것은 곧 나의 지식이 개선되는 계기가 됩니다. 이스라엘 사람들은 하브루타라는 것을 합니다. 상대방과 계속 얘기를 주고받습니다. 그 과정에서 서로의 관점이 교류되고, 자신의 지식을 돌아볼 수 있게 되므로 더욱 발전하게 됩니다.

여러분이 수업 시간에 말이 없다는 것은 여러 가지를 의미할 수도 있습니다. 관심이 없다는 것입니다. 대학에 와서 관심 없는 수업에 왜 참여하고 있는지요? 당장 그만 두어야 합니다. 귀찮다는 것입니다. '나는 그냥 편안하게 이대로가 좋은데 뭐 말을 하고 그래, 귀찮게.' 이런 생각으로 앞으로 세상을 살아갈 것인가요? 그럼 경력개발이 될까요?

아니면 스트레스를 받고 있을 수도 있습니다. 뭔가 자신을 억누르는 답답함 속에서 말하기를 꺼려 하는 것입니다. 여러 가지 심리적인 이유가 있을 수 있지만, 가장 관련 있는 이유 중의 하나는 아마도 자신이 그 내용에 대해 잘 모르기 때문에 말하는 것이 틀릴까 봐 걱정하는 것일 수 있습니다.

그러나 여러분 다시 한번 생각해 봅시다. 인생을 살아가면서 틀려 봐야 올바른 게 뭔지 알게 되는 것이 아닌가요? 또 시행착오는 젊음의 특권이라고 저자가 강조하지 않나요? 자꾸 시도해 보기 바랍니다. 어느 순간 '아, 이런 것도 실수이구나!' 하며 자신을 스스로 바꿔 가는 모습을 느낄 수 있을 것입니다. 그것이 바로 대학에 비싼 등록금을 내고 다니는 이유입니다.

어쨌든 수업 시간에 말이 없다는 것은 자기 생존을 위한 노력을 적극적으로 하지 않는 증거라고 할 수 있습니다. 혹은 혼자서 열심히 생각하느라 말이 없는 것이라고 항변할 수도 있습니다. 그러나 저자는 분명히 강조합니다. 그것은 독서실에서 혼자

하라고요. 수업 시간에는 순간순간 번뜩이는 아이디어를 교수님과 그리고 동료 학생들과 말을 나누며 직접 경험하는 것이 중요합니다.

상대방에게 나의 의견을 큰 소리로 외쳐 보세요. 상대방이 나의 의견에 주목을 할 것입니다. 상대방이 나에 대해 주목하는 순간에 뭔가 살아 있다는 생동감을 느끼기도 할 것입니다. 즉, 나의 삶의 주체로서 남과의 공존에서도 리더십을 느낄 수 있을 것입니다. 그 얼마나 멋진 일입니까? 주눅 들어서 아무 말도 않고 관망만 하는 인생을 살기를 원하십니까? 내가 세상에서 살아가는 주도자가 되는 경험을 해 보기 바랍니다.

말을 해야 하는 이유는…

수업 시간에 말을 해야 하는 이유를 설명하는 이론적 그래픽이 다음에 있습니다. 이미 앞 장에서 소개한 것 같은데, 기억이 더 오래 간다는 것입니다. 다음 그림에서 말을 하면서 설명하기를 하면 기억이 90%까지 올라갑니다.

여러분, 말을 안 하는 것은 점잖은 것이 아닙니다. 이제 그것은 오히려 부끄러운 것입니다. 자기 표현을 하지 못하는 자신의 모습이 얼마나 초라합니까? 얼굴에 미소를 지으며 상대방에게 뭔가 자기 얘기를 하고 있는 모습을 마음속에 그려 보기 바랍니다. 그것이 4차 산업혁명 시대에서 미래를 준비하는 경력개발자의 멋진 모습이 아닐까요?

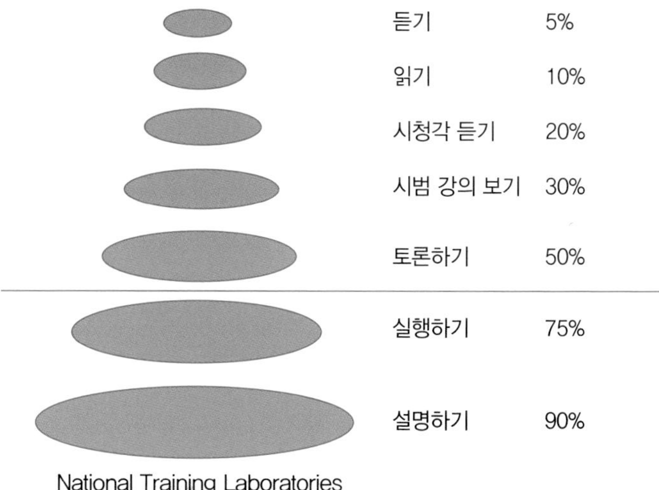

다음 그림을 다시 보기 바랍니다. 우리는 머릿속에서 계속해서 지식을 만들어 가야 합니다. 즉, Knowledge Building은 학습하는 목적입니다. 그런데 말하기를 하지 않으면 머릿속에서 자기 혼자만의 편협된 지식이 만들어질 수 있습니다. 내가 말을 하면 타인이 듣고, 그 과정에서 나는 내가 무슨 말을 하는지 수시로 점검하게 됩니다. 초인지가 발동하는 것이지요. 이러한 과정을 거치면 나의 지식은 더욱 단단하게 정립될 것입니다.

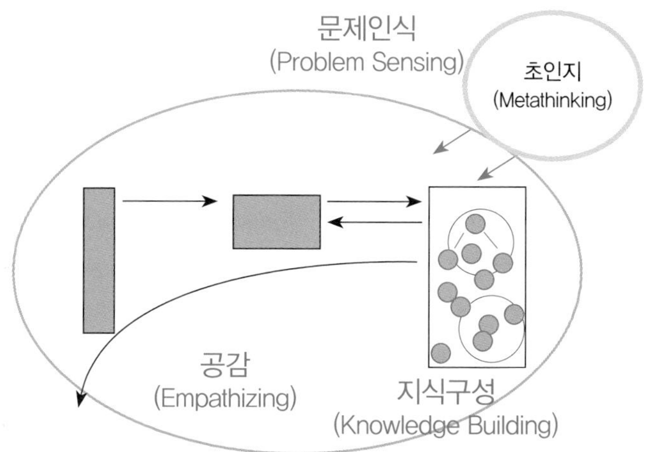

Guide. 말을 하는 것의 이점과 중요성에 대해 적어 보세요.

2. 동료티칭을 하자

1) 동료티칭은 말하기의 꽃이다

이제 단순히 말하기를 넘어, 즉 단순 대화를 넘어 동료에게 자신이 아는 것을 가르쳐 봅시다. 동료티칭이란 같은 학습자의 입장에서 내가 아는 것을 동료들에게 Give 하는 활동입니다. 즉, 아낌없이 주는 것입니다.

그 이유는 간단합니다. 내가 가르쳐 보는 과정에서 더 많이 알게 되기 때문입니다. 내가 아는 것을 단지 질문하거나 전달할 때는 상대방의 머릿속에서 어떻게 이해되고 있는지 고려하지 않을 수도 있습니다. 나는 그냥 내 말을 하고 있는 것이니까요.

그러나 동료티칭에서는 단순히 내 말만을 하면 안 됩니다. 상대방이 나의 말을 어떻게 받아들이도록 하는 것이 가장 효율적인지 생각하며 전달해야 합니다. 여러분들이 1타 강사가 된 것처럼 상대방의 완전한 이해를 도와주는 것입니다.

이런 점에서 이스라엘의 하브루타와 다를 수도 있습니다. 하브루타가 질문을 통해 상대방을 지적으로 자극하여 스스로 생각을 하도록 유도하고 발전시키는 토론 방식이라면, 동료티칭은 선생님의 입장에서 설명하는 것입니다. 한 번 시도해 보기 바랍니다. 나의 지식의 한계를 인지하게 되고, 스스로 그것을 보완하는 필요성을 느끼게 될 것입니다.

만약 내가 잘 설명한다면 그것은 두 가지가 잘 된다는 것을 의미합니다. 하나는 나의 머릿속에서 내용이 잘 정리되어 있다는 것입니다. 나의 머릿속의 지식들이 산만하게 흩어져 있는 것이 아니라 프라임 아이디어를 중심으로 체계화 되어 있다는 의미입니다. 또 하나는 나의 설명이 상대방의 이해 수준을 고려하여 적절히 진행되고 있다는 것을 의미합니다. 이러한 의미에서 동료티칭은 말하기의 꽃이라고 할 수 있습니다.

Guide. 동료티칭의 의미에 대해 적어 보세요.

2) 동료티칭의 효과

수업 시간에 기회가 있을 때마다 손을 들고 동료티칭을 시도하기 바랍니다. 어느덧 그 수업에서 자신감이 향상되고, 수업을 리드하고 있는 자신을 발견하게 될 것입니다. 함께하는 수업에서는 독서실에서 와는 다르게 동료티칭을 통해 서로 공감을 기반으로 한 지적 자극을 맛볼 수 있습니다.

동료티칭을 하면 좋은 이유는 동료티칭을 하려면 자신이 듣거나 정리된 지식을 자신의 말로 정리하여 문장으로 만들어 보는 경험을 한다는 것입니다. 가르치고자 할 때 '무슨 말부터, 어떤 내용부터 말하지?'라는 생각을 하게 될 것입니다. 왜냐하면 나만 말하면 되는 것이 아니라 상대방의 이해의 수준을 고려하며 말을 해야 하기 때문입니다. 즉, 내가 말하고자 하는 내용 간의 순서를 결정해야 하고, 그 순서가 결정되면 이제 적절한 언어로 표현하는 것이 필요하게 되므로 문장을 통해 내용을 구성하는 실력이 향상됩니다. 다음은 말하기를 꺼리던 학생들이 말하는 동료티칭의 효과입니다.

동료티칭은 그 무엇보다 나에게 많은 도움을 주었다. 정리하자면,

- 나 자신이 학습내용에 대해 정확하게 알고 있는지 되돌아보게 된다.
- 부족한 부분을 스스로 다시 공부하게 된다.
- 동료에게 효과적으로 알려 주기 위한 방법을 모색하게 된다.
  (본인의 말로 바꾸어 말하거나 다 같이 이해할 만한 경험을 제시해 보기 등)
- 반대로 나 또한 동료가 알려 주니까 새로워서 집중이 더 잘 된다.

이와 같이 동료티칭을 통해,
교재의 내용도 더욱 이해하기 쉬웠다.
동료들도 나처럼 열심히 노력해서 알려 주고자 하니까 그 정성이 보여 더욱 집중하려고 했다.

Guide. 동료티칭의 이점에 대해 적어 보세요.

3. 토론을 하자

1) 토론의 이점

여러분 이 그림을 보면서 어떤 생각을 하게 되나요? 뭔가 즐거워하는 모습으로 보이지 않나요? 토론은 이렇게 우리의 삶에 활력을 줄 수 있습니다. 그런데 우리나라 대학생들이 토론에 대해 긍정적이거나 능숙하지 않은 경우가 많습니다.

그 이유는 대학수학능력시험을 준비하며 내용을 머리에 넣기 바쁘기 때문에 토론을 제대로 해 본 경험이 없기 때문이라고 할 수 있습니다. 그래서 토론한다고 하면 일단 마음이 불편해지는 경우가 많습니다. 보다 자세히 토론을 머뭇거리는 이유를 살펴보면 다음과 같습니다.

◉ **토론에 부정적인 사유들**

- "내용을 이해하려고 하는데 잘 떠오르지 않아요."
- "아직 이해가 잘 안되어서 말하기가 그래요."
- "토론은 시간 낭비예요."
- "내 의견이 무시되는 것 같아요."
- "토론하는 방법을 잘 모르겠어요."
- "내가 말하려고 하면 누군가 벌써 하고 있어요."
- "아무도 의견을 제시하지 않아요."
- "내가 이런 그룹에서 어울려야 하나요?"

출처: 송상호(2023). p. 46.

사실 토론이 활발하지 않은 이유는 앞의 사항들 이외에도 여러 가지가 있을 수 있습니다. 간단하게는 교수님께서 토론 시간을 주지 않는 것도 토론이 안 되는 이유일 수도 있습니다. 그러나 좀 더 깊이 생각해 보면 토론에 적극적이지 않은 이유는 다른 사람의 관점을 인정하지 않거나 받아들이지 않으려는 다소는 이기적인 인간의 속성 때문이라고 할 수 있습니다. 쉽게 말해 그냥 내 생각이 편하다는 심리적 이기주의입니다.

대학생으로서 이러한 측면을 가지고 있다면 이제부터 과감히 버리려고 노력하기 바랍니다. 토론을 하지 않는다면 대학에 다닐 필요가 없다고도 생각해 주기 바랍니다. 앞에서 언급한 독서실에서 혼자 공부하는 것과 다름이 없겠지요? 인강을 틀어 놓고 열심히 시청하며 혼자 공부하는 모습만을 원한다면 대학수업에 참여할 필요가 있을까요?

현장에서 흔히 토론 또는 토의라고 칭하는데, 명확한 구분은 아니지만 구분을 시도해 보겠습니다.

토론이란 어떤 이슈나 대상에 대하여 여러 사람이 각각 자신의 의견을 말하며 논의하는 것을 의미합니다. 이는 사실 설득을 위한 것이라고 할 수 있습니다. 토의란 어떤 이슈에 대하여 검토하고 협의하는 논의를 말합니다. 이는 협의 자체가 목적이라고 할 수 있습니다.

그러나 이러한 구분이 중요하다기보다는 여러분이 토론이든, 토의이든 나의 관점을 누군가와 교류한다는 것이 중요한 사항입니다. 따라서 토론이란 철저한 Give & Take라고 할 수 있습니다. 동료티칭이 자기 지식의 Give 활동이라면, 토론이나 토의는 주고받는 것입니다. 그 대표적인 것이 이스라엘의 하브루타라고 할 수 있습니다.

이제 토론의 이점을 정리해 보겠습니다.

◉ 토론의 이점

- 나의 관점이 분명해진다.
- 나의 학습내용이 구체화된다.
- 나의 머릿속 스키마가 체계화된다.
- 질문하고 대답하는 역량이 향상된다.
- 발표력이 향상된다.
- 자기 학습의 주인이 된다.
- 더 많은 학습이슈를 찾는 데 도움이 된다.
- 상대방과 함께하는 공감의 장이 된다.

이 리스트 중에서 저자가 가장 강조하고 싶은 것은 나의 머릿속 스키마가 체계화된다는 것입니다. 즉, Knowledge Building을 위한 촉진제가 토론이라고 할 수 있습니다. 이 세상에서 나만 홀로 절대적인 지식을 만들어 낼 수는 없습니다. 결국 누군가가 앞에서 생각했던 내용들을 정리한 것이 현재의 책들에 있는 지식이고, 나는 그것을 보며 내 것으로 만들어 가는 것입니다. 그런데 그것을 독서실에서 혼자 하느냐, 아니면 동료와 함께하느냐 그 차이를 인식하는 것이 매우 중요합니다.

Give & Take 하는 활동이라고 해서 토론이나 토의를 단지 계산적으로 바라보지 말기 바랍니다. 같이 수업을 듣는 동료 학생들에 대한 나의 마음가짐을 점검해 보기 바랍니다. 내가 과연 그들을 존중하고 있는가? 이 질문을 항시 하다 보면 여러분 스스로가 성숙해지는 마음을 가지게 됩니다. 즉, 진정한 토론활동은 결국 상대방에 대한 존중의 표현이라고 할 수 있습니다. 대학생으로서 토론을 즐기려고 해 보세요.

Guide. 토론의 이점에 대해 적어 보세요.

2) On the table

다음 사진을 보기 바랍니다. 먹고 싶은 다양한 음식이 있습니다. 모든 음식을 테이블에 올려놓고 함께 먹는 상황을 생각해 봅시다. 누구나 자기가 원하는 것을 먹는 것입니다.

'On the table'이란 WPBL에서 중요시하는 토론 원칙입니다. 즉, 토론할 때 가장 조심할 것이 내 것을 강요하지 말라는 것입니다. 내가 싸 온 도시락만을 상대방에게 먹으라고 하면 즐겁지 않습니다. 혹은 토론을 하다보면 자기 주장이 너무 강해서 상대방의 의견을 듣지 않는 학생들이 있습니다.

그들은 'on the table'의 원칙을 모르거나 무시하는 것입니다. 함께 도시락을 까먹는 것을 즐기는 것이 아니라 자신의 의견을 자랑하고 싶은 것입니다. 심지어 자신의 의견이 받아들여지지 않으면 화를 내기도 합니다. 그럼 분위기는 험악해지겠지요?

그리고 토론할 때는 반드시 토론의 수칙을 정하기 바랍니다. 이때 팀장의 역할이 중요합니다. 팀원들과 함께 좋은 수칙들을 설정하여 서로 지키도록 안내하는 것입니다. 다음의 성공하는 토론 전략에 대해 생각해 봅시다.

◉ 토론의 성공 전략

- 팀장은 필수이다.
- 팀명은 소속감을 준다.
- 토론의 목적을 구체화한다.
- 팔로워의 규칙을 부여한다.
- 토론하는 수칙을 설정한다.
- 토론 전에 반드시 개인별 생각의 시간을 부여한다.
- 경청의 중요성을 강조한다.
- On the table 원칙을 항시 강조한다.
- 참여자의 노력에 따른 기여도 평가 방안을 준비한다.

위 사진을 보면 이상하다고 느낄 것입니다. 토론을 하는데 서로 얼굴을 보지 않고 등지고 앉아 있습니다. 왜 그럴까요? 이러한 방법도 좋은 토론을 진행하기 위한 하나의 방법이 됩니다. 즉, 본격적인 토론 전에 각자 그 주제에 대해 생각하고 의견을 정리할 시간을 주는 것입니다. 즉, 도시락을 싸는 것이지요. 그리고 토론이 시작되면 자신이 준비한 의견, 즉 도시락 내용물을 'On the table'하여 진행하는 것입니다.

토론을 촉진하기 위한 하나의 도구를 생각해 볼 수도 있습니다. 즉, 토론 기여도 평가표를 만들어 보는 것입니다. 참여자들에게 어떠한 행동이 요구되는지 분명하게 구체화하여 알려 줌으로써 토론의 효율성을 높일 수 있습니다. 나아가 토론에 대충 참여하는 친구들에게 스스로 참여도에 대해 점검하도록 함으로써 이탈을 방지할 수도 있습니다.

◉ 토론 기여도 평가표

항목 \ 이름	홍길동	이철수	김영희			
수칙 준수						
적극성						
참신한 아이디어						
시간 준수						
경청의 자세						
결론 기여도						
종합						

다음은 토론에 참여했던 학생들의 후기입니다.

주변의 문제에 대해 인식하고 해결 방안을 떠올릴 때 문제에 대해 내가 떠올린 것만이 아닌 여러 관점에서 WPBL을 진행할 수 있어서 좋았다.
여러 방향에서 문제에 접근하게 되며, 여러 관점에서 문제를 떠올려 볼 수 있다는 점이 토론하기의 가장 큰 도움이 된 점이라고 생각한다.
또한 함께 과제를 진행하며 내가 약한 부분을 팀원이 보완해 준다는 점이 도움이 되었다.
혼자 해내기에는 내가 약한 파트가 있어서 어려워하면 함께 토론하며 이 부분은 이렇게 하는 것이 좋을 것 같다고 토론하는 과정에서 최선의 결과물을 만들어 낼 수 있었다는 것이 도움이 되었다.

출처: 송상호(2023). p. 155.

Guide. On the table 원칙의 필요성과 이점에 대해 적어 보세요.

____

____

____

____

____

____

3) 공감하자

WPBL에서 모든 활동의 토대로서 공감을 제시합니다. 공감이란 나와 타인 간에 뭔가 통하는 것을 의미합니다. 상대방의 존재 자체에 대한 나의 수용이라고도 할 수 있습니다. 그래서 WPBL에서는 독서실에서 혼자하는 공부를 필요한 정도만 하라고 합니다. 나머지 학습은 동료 학습자들과 공감하면서 함께하는 것이 중요하다고 강조합니다.

공감하기를 추가로 설명하자면 공감하기란 상대방의 입장이 되어 보는 것을 포함합니다. 내가 내 입장만을 주장하면 공감하기가 어렵습니다. 일단, 상대방이 왜 그렇게 말하고 생각하는지 그의 입장에서 생각해 보기 바랍니다. 흔히 역지사지라고도 하지요. 역지사지하면 상대방의 마음을 알게 됩니다. 즉, 통하게 됩니다.

그러한 토대가 있다면 상대방의 지식을 긍정적으로 바라보게 됩니다. 그의 의견이나 지식을 그대로 받아들인다는 것이 아니라 '그런 의견이나 지식도 있구나' 하는 긍정의 마음으로 행동하게 된다는 것입니다. 그러다가 더 발전하면 상대방의 아픔을 함께 나누는 단계까지 발전하게 됩니다. 이 상태에서는 진정으로 함께 공부하는 분위기가 형성됩니다. 다음의 그림에서 서로의 눈을 마주보며 진심으로 통하는 모습을 상상해 보기 바랍니다.

수업에서 공감의 분위기가 형성되면 공부를 잘한다고 자만하는 학생도 없고 못한다고 기죽는 학생도 없습니다. 서로가 서로의 존재를 인정하면서 너도 하면 된다는 생각을 가지게 됩니다. 결국 공감은 서로의 것을 공유가 가능하도록 하며, 학습을 촉진하고, 따라서 지식의 깊이와 넓이를 확장하는 토대가 됩니다. 그것은 곧 나의 프라임 아이디어가 좀 더 내실화되는 것을 의미하여 나의 관점이나 안목이 발전하는 긍정적 결과를 가져옵니다.

여러분이 동료 학생들과 공감하기 위해서 다음의 사항들을 시도해 보기 바랍니다.

- 나의 장단점을 솔직하게 드러내자.
- 상대방의 강점을 칭찬하자.
- 상대방의 단점을 안아 주자.
- 상대방의 언행에 긍정적 신호를 주자.
- 유머와 함께 웃음으로 대하자.
- 깔끔한 모습의 인상을 주자.

Guide. 공감하기 위한 자신의 방법을 적어 보세요.

____

____

____

4. 나의 학습방법

SRCDPPR에서 이제 Reflecting 활동입니다. 3차 노트 공부를 할 때 이미 언급된 초인지의 기능을 자신의 모든 학습활동에서 전개하겠지만, 특히 학습의 한 순환이 마무리 될 때마다 학습내용과 학습방법에 대해 돌아보는 것이 필요합니다.

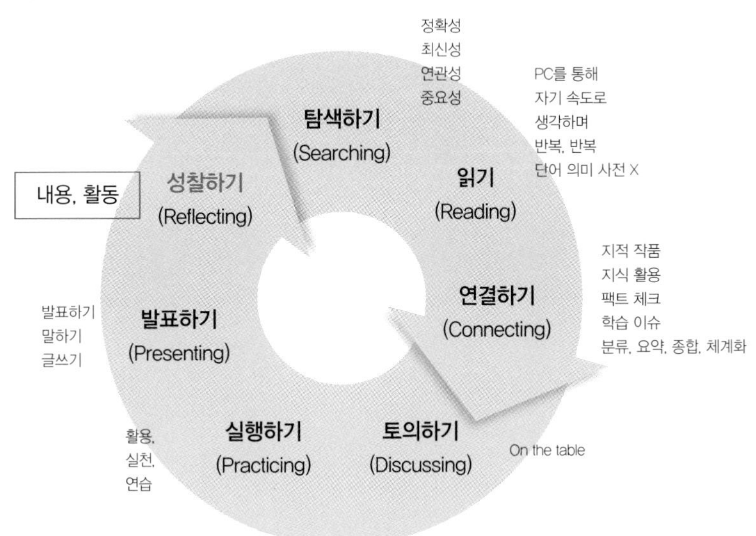

시행착오는 젊음의 특권이라고 하지만 무작정 실수를 반복할 수는 없습니다. 여기에 하나 더 생각해 봅시다.

같은 실수를 반복하면 그것은 나의 실력이다

Reflecting은 나의 학습을 개선하기 위해 하는 것입니다.

Guide. SRCDPPR 실천을 위한 계획을 적어 보세요.

12장

시간관리와 학습습관

학습 목표

1. 시간관리에 실패하는 사람들의 행동을 나열할 수 있다.
2. 시간관리의 개념과 이점에 대해 설명할 수 있다.
3. 시간관리의 원칙에 대해 설명할 수 있다.
4. 습관의 개념에 대해 설명할 수 있다.
5. 습관을 개선할 수 있다.

학습 목차

1. 시간은 누구에게나 공정하다
2. 시간관리의 방법
3. 습관의 개선

개요

시간은 화살처럼 빠르게 간다라는 말이 있습니다. 우리는 지나가는 시간의 흐름 속에서 매일 같은 행동을 반복하여 습관화합니다. 그런데 누구는 성공하고, 누구는 실패합니다. 그 차이는 주어진 시간의 차이가 아니라 스스로 만들어 낸 시간의 차이가 성공과 실패를 가져오기 때문입니다. 인간에게 주어진 24시간은 같지만 여러 행동에 소요되는 시간을 살펴보고, 불필요하게 낭비되는 시간을 파악하여 자신에게 유용한 행동습관에 더 투자해야 성공합니다.

시간관리와 좋은 학습습관은 경력개발의 기본 조건이며, '6의 법칙' '12년 준비의 원칙'도 결국 이것들과 관련이 있습니다.

Guide. 자신의 시간관리와 학습습관의 문제점에 대해 적어 보세요.

1. 시간은 누구에게나 공정하다

1) 시간관리를 못하는 사람들

중간고사가 내일 모레인데 지금 나는 TV를 보면서 즐겁다. 사실은 즐거운 것은 아니고 중간고사 공부를 해야 한다고 생각은 하지만 눈과 마음은 자꾸 TV를 향하고 있다. 이래서는 안 되는데 하면서도 나는 과감히 TV를 끄지 못한다. 지금 TV 화면에서 전개되는 내용에 계속 빠져들기 때문이다. 그런데 마음은 불편하다. 이래서는 안 되는데….

여러분에게 혹시 이러한 경험이 있다면 자신의 시간관리에 실패하고 있다고 할 수 있습니다. 이러한 사고방식이 이미 몸에 배어 있을 테니까요. 이것이 바로 시간관리를 못하는 사람들의 공통적인 모습입니다. 다음의 리스트를 살펴보기 바랍니다.

- 나태함을 편안함으로 오해한다.
- 무엇을 먼저 해야 하는지 알지 못한다.
- 계획의 중요성을 알지 못한다.
- 계획을 할 때 지나치게 욕심을 낸다.
- 틈틈이 남는 시간을 활용할 줄 모른다.
- 이게 아니지 하면서도 게으른 행동을 중단하지 못한다.
- 계획을 해도 작심삼일도 못한다.
- 늦게 일어나서 타이밍을 놓친다.
- 우유부단하다.

어떤 항목들이 나의 모습과 같은가요? 시간관리라는 것은 나의 인생관리나 다름없습니다. 시간은 한 번 가 버리면 돌아오지 않습니다. 나는 그 변화의 흐름 속에서 지금의 모습으로 존재하는 것입니다. 누구에게나 같은 시간의 흐름이지만, 그 사람의 관리 능력에 따라서 시간이 나에게 유의미할 수도 있고 아닐 수도 있습니다.

시관관리에 실패하는 이유는, 즉 시간관리를 잘 못하는 이유는 바로 지금의 편안함에 빠져들기 때문입니다.

시간관리의 천적은 편안함이라고 할 수 있습니다. 사실 이 경우에 편안함이란 곧 고 당도의 설탕과 같은 것입니다. 순간 입에는 달콤하지만 내 몸은 서서히 병들게 하는 것이지요. 따라서 항상 스스로 물어봐야 합니다. 나는 시간관리를 잘하고 있는지.

시간관리를 못할 때 흔히 작심삼일이라고 합니다. 이제 점점 빨라져서 작심 세 시간, 아니 작심 삼분, 작심 삼초……. 스스로 망가지고 있는 자신의 경력개발을 느끼면서도 제대로 대응하지 않는 경우가 많습니다.

시간관리는 성공을 위한 수레바퀴입니다. 바퀴가 끊임없이 굴러야 수레는 앞으로 나갑니다. 수레바퀴가 멈추는 순간 나의 경력개발은 멈추고 맙니다. 여러분 스스로 자신의 수레바퀴를 돌리는 노력을 해야 합니다. 그리고 그것은 지금 빠져들기 쉬운 편안함의 함정에서 벗어나야 함을 의미합니다.

시간은 누구에게나 주어지는 자산이지만, 시간관리는 인간의 의지에 따라 성공의 정도가 달라진다고 생각해야 합니다. 즉, 제대로 된 시간관리는 기대 이상으로 자신에게 성과를 가져다줄 것입니다. 그것은 편안함의 함정을 극복하려는 자신의 노력에 대한 정당한 성과입니다. 그 과정을 한번 즐겨 보기 바랍니다.

시간은 누구에게나 공정하다.

Guide. 시간관리를 잘 못하는 이유에 대해 적어 보세요.

2) 시간관리의 이점

시간관리를 잘하면 나의 경력개발은 더욱 풍부해질 수 있습니다. 왜냐하면 그만큼 나에게 가용시간이 늘어나기 때문입니다. 가용시간이 늘어난다는 것은 주어진 24시간 중에서 낭비되는 시간을 최소화하여 성공에 필요한 시간이 확대되는 것을 의미합니다. 이러한 시간관리의 이점을 구체적으로 살펴보면 다음과 같습니다.

◉ 시간관리의 이점

- 자신의 인생 목표 달성이 쉬워진다.
- 최소한의 비용으로 성과를 달성할 수 있다.
- 생활의 여유를 즐길 수 있다.
- 생활습관이 바로잡아질 수 있다.
- 자기주도적으로 인생을 살 수 있다.

제일 중요한 것은 목표 달성이 쉬워진다는 것입니다. 시간이 부족한 사람들에 비해서 가용시간이 늘어나므로 그만큼 투자를 더할 수 있어서 목표 달성 가능성이 늘어나는 것입니다. 또한 실질적 투자비용은 감소합니다. 어떤 목표를 달성함에 있어서 자신이 낭비하는 시간을 줄여 시간을 더 쓰게 되므로 직접적인 돈을 줄일 수 있습니다. 예를 들어, 영어 공부를 위해 1개월에 100만 원의 비싼 수강료를 내고 학원에 다녀야 한다고 가정해 봅시다. 만약 가용시간이 1개월이 아닌 2~3개월로 늘어난다면 그 시간을 활용하여 학원에 다니지 않고도, 즉 100만 원을 사용하지 않고도 같은 목표를 달성할 수 있을 것입니다.

급하게 허겁지겁 살아가는 인생이 아니라 가용시간이 늘어난 만큼 내가 향유하는 일을 할 수 있으니 여유 있는 삶이 됩니다. 나아가 내 삶에서 필요한 행동을 하는 올바른 생활의 습관이 형성되기 시작하여 자기주도적으로 삶을 살 수 있게 됩니다.

Guide. 시간관리를 통한 이점에 대해 적어 보세요.

2. 시간관리의 방법

시간을 관리한다고 할 때 가져야 할 태도는 주어진 시간을 단지 잘 사용한다는 생각을 하지 말고 가용한 시간을 늘려 가야 한다고 생각하는 적극적 태도입니다. 인간에게 주어진 24시간은 누구에게나 똑같습니다. 그러나 그중에서 어떤 사람은 가용시간을 13시간으로 확보하는 반면, 어떤 사람은 3시간 밖에 확보하지 못할 수도 있습니다.

시간관리란 단지 사용하는 것이 아니라 늘려 나가는 것이다.

이러한 적극적인 태도를 가지고 시간관리를 할 때 가장 중요한 원칙은 우선순위를 잘 부여해야 한다는 것입니다. 결국 시간관리는 우선순위 결정에서 시작됩니다. 여기서 소위 '소중한 것 먼저 하기'라는 문구를 생각해 보기 바랍니다. 나는 과연 소중한 것을 먼저하며 가용시간을 늘려 가는 데 성공하고 있는지.

1) 시간관리의 원칙

'소중한 것 먼저 하기'라는 대명제를 항상 잊어서는 안 됩니다. 자신의 생활 속에서 시간관리를 해야 한다는 강박관념이나 스트레스를 가지라는 것이 아니라 여유 있는 마음으로 차분히 소중한 것을 챙기는 것이 중요합니다.

소중하고 긴급한 것이 무엇인지 우선 그것부터 파악하는 노력을 해야 합니다. 무작정 계획표에 올려놓고 이것저것 하려고 허둥대는 모습을 극복해야 합니다. 그것은 소중하고 긴급한 것이 무엇인지 본인이 모르기 때문입니다.

그다음에는 긴급성은 떨어지지만 자신의 경력개발에서 중요한 것을 파악합니다. 내 인생의 꿈을 구체화하는데 도움이 되는 일인지 아닌지 길고 크게 보는 것이 중요합니다. Take the big picture! 이 문구를 다시 한 번 떠올려 봅시다. 꿈이 실현되는 비전이 생생하게 떠오를 때 나의 인생은 즐겁고 보람이 느껴질 것입니다. 소중한 것을 찾았기 때문입니다.

이러한 시간관리에 도움을 주는 것이 드와이트 아이젠하워(Dwight D. Eisenhower)의 시간관리 법칙입니다.

◉ 아이젠하워의 시간관리 법칙

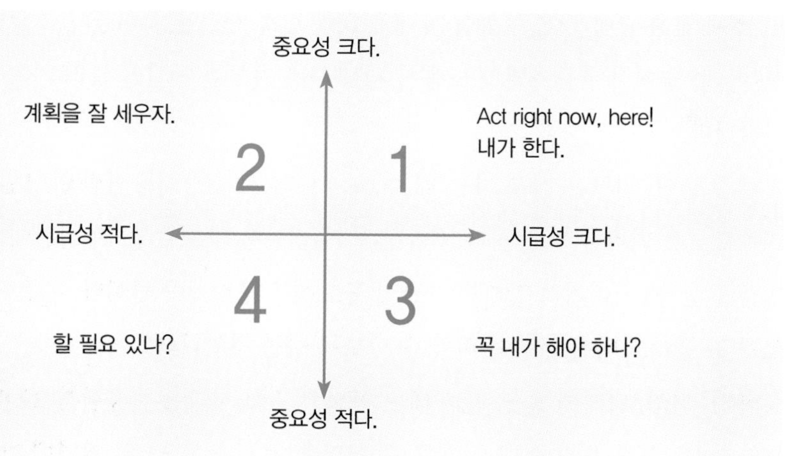

그림에서 1번에 해당하는 것이 바로 소중하고 긴급한 것들입니다. 여기에 해당하는 업무를 파악하는 것부터 자신의 역량이 되어야 합니다. 그리고 일단 파악되면 가장 중요한 문구가 있습니다. 지금 당장 시작하라는 것입니다. 바로 당신이 존재하는 여기에서!

Act,
right now,
here!

1번에 대한 계획과 실행이 진행되면 2번과 3번을 구분하는 노력이 필요합니다. 2번은 중요한 것이므로 자신의 경력개발에서 반드시 실행되어야 합니다. 그러나 시급성은 떨어지므로 시간관리 배분을 잘하여 진행하면 됩니다. 즉, 체계적인 계획이 필요합니다. 앞에서 공부한 '6의 법칙' '12년 준비의 원칙' 등 본인이 설정한 원칙을 활용하여 실행합니다. 반드시 자신이 할 필요가 없을 수도 있습니다. 마지막으로 4번은 중요하지도 긴급하지도 않은 일들입니다. 따라서 정말로 여유가 있을 때만 해도 될 것 같습니다.

인간은 일생 동안 시간을 어떻게 사용할까요? 마이클 포티노의 연구 결과에 따르면 70세 인생 중에 53년 이상을 아래와 같은 일로 시간을 소비한다고 합니다. 이러한 시간들을 줄여서 경력개발에 도움이 되는 사용 가능한 시간을 늘려 가는 자신이 되기 바랍니다.

예를 들어, 인간은 잠을 자는 데 어느 정도의 시간을 사용할까요? 1일 8시간 수면 기준으로 23년이나 잠을 잔다고 합니다. 여러분은 앞으로 총 몇 시간이나 잠을 자며 인생을 살까요? 여기서 잠자는 습관의 중요성을 생각해야 합니다. 깊은 잠을 자서 피로가 잘 풀리고 다음 날을 준비할 수 있도록 하는 것입니다.

아침, 점심, 저녁에 밥을 먹는 데는 어느 정도의 시간을 사용할까요? 8년이라고 합니다. 이는 물론 문화에 따라 다를 수도 있습니다. 예를 들어, 저녁에 만찬을 즐기는 문화에서는 시간이 길어질 것입니다. 여러분은 아침, 점심, 저녁에 어느 정도의 시간을 사용하고 있나요? 너무 급히 먹으면 체하거나 건강이 망가질 수도 있습니다. 우리나라 사람들은 8년까지 안 걸릴 것 같은데, 자신에게 적절한 식사 시간을 확보하기 바랍니다.

그 외 재미있는 조사 결과에 따르면, 화장실과 샤워 시간 등에 6년, 줄 서서 기다리는 시간 5년, 집안일 하기 4년, 물건 찾기 1년, 신호등 기다리기 6개월 등이 제시됩니다.

여기서 파악해야 할 것은 이러한 시간들을 어떻게 효율적으로 사용하는가 하는 것입니다. 즉, 시간을 효율적으로 사용한다는 것은 자신이 사용하는 시간들을 효율화하고 사용 시간을 최소화함으로써 자신에게 필요한 1번 업무나 2번, 3번 업무에 배정하려는 노력이라고 할 수 있습니다.

소중한 것을 먼저 하기!

Guide. 업무의 우선순위를 정하고 있는지 적어 보세요.

2) 시간관리 방법

경력개발의 과정에서 시간을 관리할 때는 자신만의 철저한 원칙을 가지고 지켜 나가는 것이 중요합니다. 어떤 일이든 했다 안했다 하면 좋은 결과를 가지고 올 수 없습니다. 다음은 시간을 관리하는 원칙들의 사례입니다.

첫째, 성과시간대를 선정하라는 것입니다. 성과시간대란 자신이 학습하는 데 가장 효율이 높은 시간대입니다. 흔히 아침형, 저녁형, 심야형, 새벽형 등의 모습이 언급되는데, 누구나 자신이 집중해서 학습이 가장 잘되는 시간대가 있다는 것입니다. 여러분이 가장 공부가 잘되는 시간대를 한번 떠올려 보기 바랍니다.

둘째, 집중시간을 토막 내지 말아야 합니다. 집중시간이란 공부를 시작해서 끝날 때까지 계속해서 열심히 공부하여 성과를 높일 수 있는 기간입니다. 사람에 따라서 어떤 학생은 2시간 정도 집중이 가능하고, 어떤 학생은 그 이상도 가능하고 개인차가 있을 것입니다. 그런데 중요한 것은 집중할 때는 그 집중의 흐름을 끊지 말아야 한다는 것입니다.

예를 들어, 2시간 공부를 한다고 할 때 공부를 시작하여 몰입이 되기까지 어느 정도 시간이 걸리는지 파악하고 그 이후에 그것을 유지해야 하는데, 중간중간에 전화를 한다거나 커피를 마시는 등 활동이 너무 많으면 그 집중시간에 토막이 나게 됩니다. 토막이 나면 다시 집중에 몰입하기 위해 시간이 필요하고, 그것이 반복되면 전체시간은 2시간을 공부하더라도 중간중간 끊기지 않은 학생에 비해 공부의 성과가 낮아질 수 있습니다.

셋째, 버려지는 시간을 모으라는 것입니다. 여러분 하루 시간을 어떻게 보내는지 한번 살펴본 적 있는지요? 모든 일상이 계획대로만 될 수는 없고 항상 자투리 버려지는 시간들이 있을 것입니다. 그 시간을 살펴서 어떤 경우에 토막 난 작은 시간들이 자투리로 낭비되고 있는지 검토해 보기 바랍니다.

시간관리로 유명한 고승덕 변호사는 버려지는 시간을 모이면 아무리 머리가 좋은 사람이라도 이 차이를 절대 따라올 수 없다고 합니다. 고승덕 변호사는 이러한 철저한 시간관리로 행정고시, 외무고시, 사법고시의 3관왕을 달성했습니다. 그에 따르면 버려지는 시간이 모이면 아무리 머리가 좋은 사람이라도 이 차이를 절대로 따라잡을 수 없다고 합니다. 즉, 경력개발에서 성공은 단지 머리만의 문제가 아니라 시간관리를 통한 노력의 결과라는 것을 말해 주고 있습니다. 나는 과연 어떻게 시간을 사용하고 있는가를 돌아봅시다. 그리고 아침 기상부터 저녁 취침까지 내가 낭비하고 있는 자투리 시간은 없는지 분석해 봅시다.

시간관리를 잘한다는 것은 결국 누구에게나 똑같은 24시간 내에서 나에게 필요한 시간을 본인이 만들어 내는 것이라고 할 수 있습니다. 지금 혹시 수업이 끝난 후 공강 시간에 쓸데없이 웹툰을 보며 시간을 낭비하고 있지는 않나요? 빈 컴퓨터실에서 온라인 게임을 하며 잡담으로 시간을 보내고 있지는 않는가요? 약속 시간이 30분 남았다고 너무 짧으니 특별히 뭘 하기가 그렇다고 포기하고 있지는 않는가요?

오늘부터는 생각을 다르게 해 봅시다. 가능한 시간을 토막 내지 말고 자투리 시간이 생긴다면 나는 그 시간을 어떻게 활용할지에 대한 계획을 세워 봅시다. 저자의 경우에는 아침에 암기할 영어 문장을 큰 소리로 읽은 후 하루 종일 자투리 시간이 있을 때마다 그 문장들을 눈감고 떠올려 봅시다. 여러분은 여러분만의 방법을 찾아 보기 바랍니다.

넷째, 업무순서의 플랜의 수립하라는 것입니다. 즉, 모든 일을 두서없이 닥치는 대로 할 것이 아니라 최소한의 계획을 짜야 하며 바로 그때 중요한 것이 업무순서입니다. '소중한 것 먼저 하기'라는 것을 생각하면서 '오늘 내가 이 일만은 반드시 한다' '이번 주에 어디까지 진도를 나갈 것이다' 등의 실천 계획을 수립하기 바랍니다.

다섯째, 1만 시간의 법칙을 고려하라는 것입니다. 어떤 분야의 전문가가 되기 위해서는 최소한 1만 시간을 공부해야 한다는 것입니다. 예를 들어, 1만 시간은 매일 3시간씩 훈련할 경우에는 약 10년, 하루 10시간씩 투자할 경우에는 3년이 걸립니다. 여러분이 경력개발을 수행하는 과정에서 전문성을 향상시키기 위해 매일 해야 하는 학습을 정해 놓고 꾸준히 실행하는 모습이 필요한 것입니다.

특히 1만 시간의 법칙이 중요한 것은 학습경험의 누적이 필요하기 때문입니다. 어떤 공부를 했다가 안 했다가 하면 앞의 학습 내용이 뒤로 제대로 연결되지 않아 학습의 깊이가 낮아질 수 있습니다. 따라서 규칙적으로 학습을 꾸준히 1만 시간이 되도록 한다는 것은 그만큼 학습경험이 누적되어 여러분의 내공으로 자리잡을 수 있을 것입니다.

Guide. 자신의 시간관리 방법에 대해 적어 보세요.

3) 효율적인 시간관리의 하루

이제 하루하루의 시간관리를 해 봅시다. 다음의 순서를 읽어 보고 자신이 지금 하고 있는 것과 비교해 보기 바랍니다.

- 내일 할 일을 오늘 밤에 선정한다.
- 아침에 일어나서 업무 순서를 정한다.
- 업무 완료 시마다 달성 여부를 체크한다.
- 하루를 돌아보며 성과를 확인한다.

우선, 내일 할 일을 오늘 밤에 책상 앞에 앉아서 차분하게 목록을 작성하고 있나요? 자신이 세운 경력개발의 '12년 준비의 원칙'에 의해 크게 올 해에는, 이번 달에는, 이번 주에는 무엇을 할 것인지 흐름을 파악하고 있어야 합니다. 그리고 오늘이 지나고 내일은 무엇을 할지 종이에 적어 보면서 '소중한 것 먼저 하기' 원칙에 의해 우선순위를 정하기 바랍니다.

그리고 그다음 날 아침에 일찍 일어나서 다시 한 번 업무 우선순위 리스트를 보면서 순서를 조정하고, 보다 구체적으로 할 일의 세부 내역을 떠올려 봅니다. 이때 무엇을 달성할 것인지 결과 즉 성과를 함께 적어 보는 것도 도움이 됩니다.

그리고 아침부터 하나하나 업무를 수행할 때마다 실행 여부를 표시합니다. ○는 완료했다는 의미입니다. △는 완료했으나 결과가 마음에 들지 않는다는 의미입니다. ×는 완료를 하지 못하거나 결과가 나쁘다는 의미입니다. 이렇게 자신만의 체크 기호를 만들어서 적용해 보기 바랍니다.

이제 저녁에 다시 책상에 앉아서 하루 동안 실행한 업무들을 살펴보고 성공의 원인과 실패의 원인을 파악해 보기 바랍니다. 사실 이것은 하루 일과 전체에 대한 성찰노트를 작성하는 것과 같은 것입니다. 잘못된 것을 무작정 반복하지 말기 바랍니다. 왜냐하면 같은 실수를 반복하면 그것은 자기 실력수준이 그것뿐이라는 의미이기 때문입니다.

다음은 실제 시간관리를 잘하기로 유명한 윤은기 원장님이 시간을 관리하는 그만의 원칙입니다. 여러분도 참조하여 자신만의 시간관리 원칙을 만들어 보기 바랍니다.

◉ 윤은기 원장의 3S 시간 경영

S1. 일정 관리(Scheduling)
계획표는 분기(4개월) 단위로 작성하라. 활동 계획을 추가할 때는 특정 시기에 계획이 몰리지 않도록 분산시키라. 모든 활동에 디데이(D-Day)와 마감 시간을 표시하라.

S2. 속도 내기(Speed)
한 가지 일이 끝나면 다음 일에 곧바로 돌입하는 능력을 길르라. 음료 마시기, 잡담하기 등으로 '예열'을 해야만 공부나 일을 시작하는 습관을 버리라.

S3. 차단하기(Screen)
타인의 갑작스러운 방문이나 전화, 제안에도 자신의 계획을 지키라. 친구관계도 중요하지만 사안에 따라 과감히 거절해야 한다.

출처: 동아일보(2013. 8. 20.).

Guide. 매일 낭비되는 시간을 적어 보세요.

____

____

____

____

____

____

3. 습관의 개선

1) 습관의 개념

현재 우리의 모습은 지나간 우리 행동의 결과물입니다. 인간의 행위는 그것이 반복될 때 무서운 결과를 가져 옵니다. 어떤 의미에서 현재 여러분의 학업 능력은 지난날 여러분의 학습습관의 결과일 것입니다. 그래서 지금 그 자리에 지금의 모습으로 있는 것입니다.

이 말은 지금 습관을 바꾸면 여러분의 미래 인생이 달라질 것이라는 것을 의미합니다. 즉, 습관을 바꾸면 주변이, 직장이, 그리고 인생이 바뀌게 됩니다.

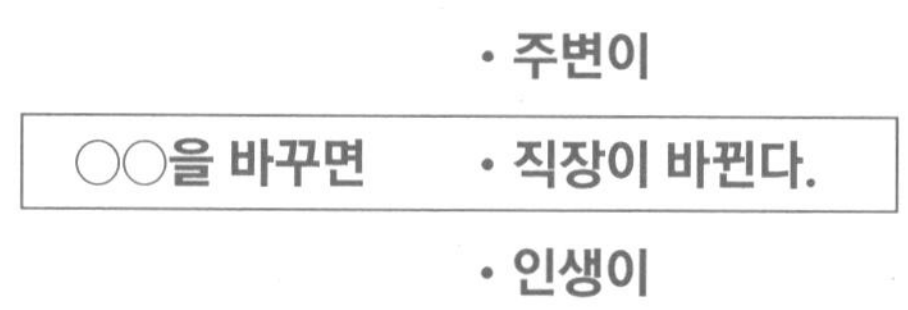

습관을 정의해 보면 인간 행동이 자동화를 통해 효율화된 것이라고 말할 수 있습니다. 여기에 하나 더 추가하면 그 사람을 편안하게 안주하게 하는 것이라고 말할 수 있습니다. 우리의 일상생활은 계획적이고 의도적인 것도 있지만 자동화된 것, 즉 습관 행동도 많습니다. 따라서 어떤 사람이 습관적으로 행동한다는 것은 그 행동의 편안함에 빠진다는 의미가 될 것입니다.

이제 경력개발과 관련하여 생각해 봅시다. '12년 준비의 원칙'에 의해 준비를 하면서 지금부터 행동을 변화시켜야 하는데, 그 핵심은 결국 좋은 습관을 만들어 가는 것입니다. 좋은 습관은 궁극적으로 개개인의 행복도를 증가시킬 것이기 때문입니다. 예를 들어, IQ가 높은 사람과 비교하여도 좋은 학습습관을 가진 사람은 더욱 좋은 성적을 얻을 수 있습니다. 그 대표적인 것이 벼락치기 학습습관입니다. 평상시에는 이런저런 일로 바쁘다가 시험을 앞에 두고 별안간 밤을 새우며 공부를 한다고 해도 학습내용의 깊이가 깊어질 수 있을까요?

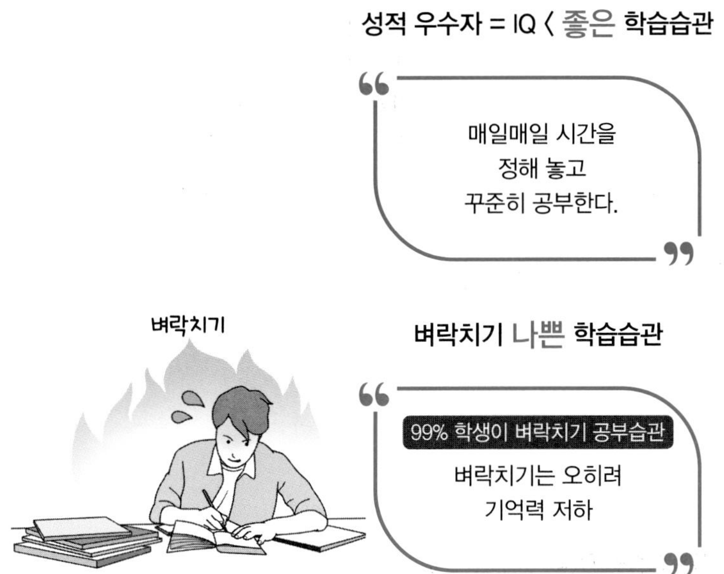

늦지 않았습니다. 지금부터라도 바꾸어 봅시다. 대학교 신입생이라면 앞으로 4년 동안 좋은 학습습관으로 미래의 행복을 보장받을 수 있을 것입니다. 나는 불도저라고 생각해 보십시오. 주저하지 말고 과감하게 자신의 나쁜 학습습관을 버리고 새로운 좋은 학습습관으로 변화시키기 바랍니다.

다음의 좋은 습관과 나쁜 습관을 비교한 내용을 살펴보기 바랍니다. 지금 현재 좋은 습관이 많은가요, 나쁜 습관이 많은가요?

◉ 나의 습관 체크하기

좋은 습관 행동	나쁜 습관 행동
학습 전 휴대폰 끄기	미루기
시작 시 3분 명상, 호흡하기	몰아치기
그날 못한 것 마무리하기	다른 곳을 두리번거리기
나누어서 하기	음악 들으며 공부하기
중요한 것 3개 선정하기	게임 틀어 놓고 공부하기
급할 때 잠깐 소중한 것을 외치기	문제지에 정답, 설명 쓰기
장소를 떠나며 점검사항 3개 확인하기	노트필기 안 하기
	시작하면 잠자기
	하다가 말다가 하기
	옆 친구에게 말 걸기
	수시로 간식 먹기
	밤 9시 이후에 간식 먹기

Guide. 자신의 나쁜 학습습관을 적어 보세요.

2) 습관 만들기

좋은 습관을 만들기 위해서는 패턴화를 해야 합니다. 즉, 같은 방식을 반복하여 유형을 구체화하는 것입니다. 이때 중요한 것이 규칙성, 집중성, 누적성입니다.

규칙성이란 시간의 흐름에 따라 일정 시간 간격을 준수하여 같은 행동이 반복되도록 하는 것입니다. 집중성이란 행동을 이것저것 하는 것이 아니라 원하는 행동을 집중적으로 시도하는 것입니다. 누적성이란 기대하는 학습습관이 지속적으로 반복되어 학습자의 몸에 차곡차곡 쌓여지게 일정 기간 계속하는 것입니다.

이 세 가지를 갖추면 그 행동은 자동화되어 거의 무의식적으로 자기 행동의 중요하고 많은 부분을 차지하게 될 것입니다. 다음 그림을 보십시오. 규칙성의 아름다움입니다. 기둥들이 일렬로 규칙성 있게 배열됨으로써 멋있게 나타납니다. 우리 인간의 행동도 마찬가지입니다. 여러분의 행동에서 어느 정도의 규칙성을 확보하면 멋진 행동으로 보일 것입니다.

반신반의하지 말고 힘 있게 좋은 학습습관 형성을 시작하기 바랍니다. 누구를 믿고 할까요? 바로 자신을 믿고 시작합시다.

Act, right now, here!

미루지 말기 바랍니다. 지금 여기서 시작하면 됩니다. 내 인생은 나의 것입니다.

내 인생은 나의 것!

누구를 믿고? 자신을 믿고 자신을 사랑하며 지금 실천하는 것입니다.

좋은 학습습관은 나의 인생을 바꾸는 지름길입니다. 혹시 마음속에서 왜 바꾸냐고 저항을 하는 악마가 있을 수도 있습니다. 다음과 같이 부정적으로 유혹할 것입니다. 저자는 다음의 4가지에 대해 여러분의 변화를 기대합니다.

첫째, 마음가짐을 바꿔야 합니다. '대충 보고 따라 하면 되지!' 귀찮은 마음이 들 때 스스로를 채찍질해야 합니다. 둘째, 건강을 관리해야 합니다. 달콤한 것만 먹고 싶을 때 과감히 입에는 쓰지만 몸에는 좋은 것을 먹어야 합니다. 셋째, 시간을 관리해야 합니다. 오늘 할 것을 미루고 싶을 때 눈 딱 감고 시작하는 것입니다. 넷째, 하는 방법을 바꿔야 합니다. 자꾸 옛날 방식에 사로잡히지 않도록 탈학습화해야 합니다.

그런데 의외로 간단합니다. 처음부터 너무 큰 것을 바꾸려고 하지 말고 작은 습관부터 바꿔 나가기 바랍니다. 작은 행동의 변화는 큰 행동의 변화로 이어질 것입니다. 열심히 운동하면 근육이 커지고 단단해지듯이 습관도 탄탄해집니다. 중요한 것은 여러분의 결단입니다. 66일만 열심히 노력하면 습관이 바뀐다는 말도 있습니다. 여러분 자신을 믿고 시작하기 바랍니다.

◉ 성공하는 학습습관의 4가지 영역

1. 마음가짐(Mind)	"대충 보고 따라 하면 되지."
2. 건강(Health)	"달콤한 것만 먹지."
3. 시간(Time)	"오늘 안 해도 나중에 하면 되지."
4. 하는 방법(How to)	"하던 대로 하면 되지."

습관도 근육 같이 키울 수 있다!

습관은 66일만에 형성될 수 있다!

다음 그림을 보세요. 엎드려서 책을 읽고 있는 학생이 얼마나 편안하고 즐거워 보입니까? 그러나 이 학생은 이 행동을 계속해서는 안 됩니다. 지금 당장 편안하지만 좋은 독서습관은 아니기 때문입니다.

학생이 이 행동을 계속하면 아마도 몸이 많이 망가지듯이 여러분이 지금 편안함에 빠져 나쁜 학습습관을 계속하면 여러분의 경력개발은 실패할 것입니다.

결단 있는 모습을 보이기 바랍니다.

Guide. 좋은 학습습관 형성을 위한 나의 각오를 적어 보세요.

김고명 역(2019). 직장이 없는 시대가 온다(새라 케슬러 지음). 도서출판 길벗.

김동규, 김중진, 최영순, 신지선, 서민정(2021) 미래유망 신직업 발굴 및 국내 활성화 방안 연구. 기획재정부, 한국고용정보원

김영록(2012). 융합인재, 우리는 함께 간다. 티핑포인트.

김예숙(2018). 사고와 토론. 공동체.

김현숙(2020). 디자인 씽킹 교육의 모든 것. 도서출판 생각나눔.

미래전략정책연구원(2017). 10년 후 4차 산업혁명의 미래. 일상과 이상.

미래창조과학부, 미래준비위원회, KISTEP, KAIST(2017). 10년 후 대한민국 미래 일자리의 길을 찾다. 지식공감.

박남기(2017). 최고의 교수법. ㈜팸앤파커스.

박성원(2021). 2022년 주목할 15개 이머징 이슈. 국회미래연구원.

박종기(2016). 부자의 생각. 정림출판.

박주용(2019). 생각 중심 교육. 집문당.

봉현철, 김종근 공역(2000). 액션 러닝. 21세기북스.

서유라 역(2019). 트렌드 인사이트 2030(로레스 새뮤얼 저). 미래의 창.

선대인(2017). 일의 미래, 무엇이 바뀌고 무엇이 오는가. ㈜인플루엔셜.

송상호(2017). 요구분석 제대로. 도서출판 딱.

송상호(2018). 매력적인 수업 제대로. 도서출판 딱.

송상호(2022). 좋은 대학 강의 만들기. 도서출판 딱.

송상호(2024). First Class 대학수업: 현장 문제중심학습(WPBL). 학지사.

송소민 역(2020). 독일 사람들의 시간관리법(로타르 J. 자이베르트 저). 중앙일보플러스(주).

신준섭(2017). 수업서클을 활용한 공감수업하기. 에듀인뉴스, pp.98-101. https://www.eduinnews.co.kr/news/articleView.html?idxno=8700

안진환, 허형은 공역(2011), 미국 최고의 교수들은 어떻게 가르치는가(켄 베인 지음). 뜨인돌출판사.

엄우용, 봉현철 공역(2014). 액션러닝(Judy O'Neil, Victoria J. Marsick 공저). 학지사.

엄훈(2021). 학교 속의 문맹자들. 우리교육.

우영진, 박병주, 이현진, 최미숙(2021). 디자인씽킹 수업. ㈜아이스크림미디어.

윤영희, 이정희, 서희정, 강창완(2018). 전공탐색과 생애설계. 학지사.

이돈희(2017). 토론과 학습(1). 월간 교육 7월호 통권 제17호. pp. 148-155.

이민주 역(2008). 하이컨셉의 시대가 온다(스콧 매케인 저). 토네이도미디어그룹(주).

이의용(2018). 대학생 인생설계 워크북. 학지사.

이혜정(2018). 서울대에서는 누가 A+를 받는가. 다산지식하우스.

임규연, 김영수, 김광수, 이현우, 정재삼 공역(2014). 교수의 으뜸원리(M. David Merrill 저).

장경원, 고수일(2013). 액션러닝으로 수업하기. 학지사.

장소진(2017). 발표 수업에서의 공감적 피드백의 의미와 전략. 문화와 융합, 39(5), 367-392.

진동섭(2021). 공부머리는 문해력이다. 포르체.

한국교육개발원(2014). 대학교수 13인의 명강의. 학지사.

한국산업기술진흥원 지식융합팀 (2010) 2011 세상을 바꾸는 생각들 3. 융합인재, 한국산업기술진흥원.

황농문(2013). 공부하는 힘. 위즈덤하우스.

WEEKLY BIZ(2014. 7. 19.). https://weeklybiz.chosun.com/site/data/html_dir/2014/07/18/2014071801870.html

동아일보(2013. 8. 20.). https://www.donga.com/news/article/all/20130819/57103042/1

시사캐스트(2021. 4. 6.). http://www.sisacast.kr/news/articleView.html?idxno=33152

조선일보(2022. 8. 22). https://www.chosun.com/economy/market_trend/2022/08/22/OJMRPORRCBAVTM6G2DYFQXXL74/

중앙일보(2021. 8. 4.). https://www.joongang.co.kr/article/24120703

저자 소개

송상호(Song Sang Ho)

현 안동대학교 사범대학 교육공학과 교수

한국수행향상센터장

[학력]

미국 Florida State University 교육공학전공(철학박사)

서울대학교 대학원 교육학과 교육공학전공(교육학석사)

국민대학교 사범대학 교육학과(교육학사)

[저서 및 역서]

First Class 대학수업: 현장 문제중심학습(WPBL)(학지사, 2023)

좋은 대학 강의 만들기(도서출판 딱, 2022)

매력적인 수업전략(도서출판 딱, 2021)

평생교육 프로그램 개발 제대로(도서출판 딱, 2020)

매력적인 수업 제대로(도서출판 딱, 2018)

요구분석 제대로(도서출판 딱, 2017)

교육공학과 교수설계 10판(공역, 아카데미프레스, 2011)

미래를 생각하는 e-러닝 콘텐츠 설계(공저, 서현사, 2007)

수업설계의 원리 5판(공역, 아카데미프레스, 2005)

교육공학의 최근동향(공저, 교육과학사, 2002)

매력적인 수업설계(공저, 교육과학사, 1999)

[연구 및 관심분야]

Workplace problem-based learning / 미래 대학 발전

동기이론과 수업설계 / 에듀테인먼트 / 요구분석 및 수행공학

[연락처 및 주소]

연락처: 054) 820-5892 이메일: songs@anu.ac.kr

주소: 경북 안동시 경동로 1375 국립안동대학교 사범대학 교육공학과 3216호

대학공부 성공하기 A+

– 경력개발을 위한 학습혁신 –

A+ Success in College Study

2024년 2월 1일 1판 1쇄 인쇄
2024년 2월 5일 1판 1쇄 발행

지은이 • 송상호
펴낸이 • 김진환
펴낸곳 • ㈜ 학지사
04031 서울특별시 마포구 양화로 15길 20 마인드월드빌딩
대표전화 • 02-330-5114 팩스 • 02-324-2345
등록번호 • 제313-2006-000265호

홈페이지 • http://www.hakjisa.co.kr
인스타그램 • https://www.instagram.com/hakjisabook

ISBN 978-89-997-3058-0 93370

정가 17,000원

저자와의 협약으로 인지는 생략합니다.
파본은 구입처에서 교환해 드립니다.